Silhouetten Laubbäume

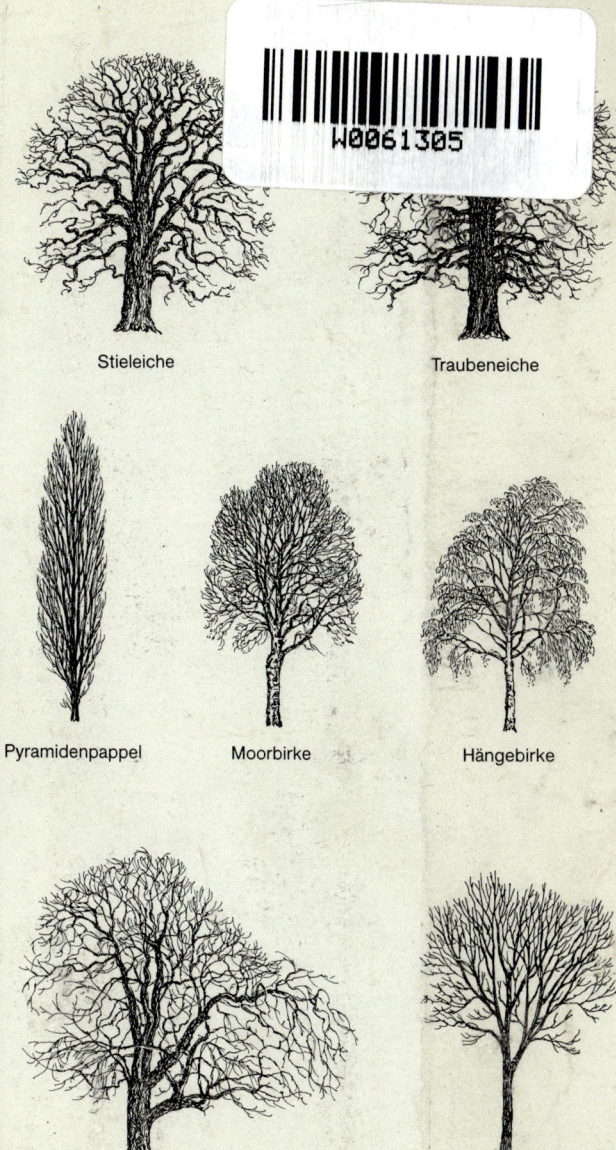

Stieleiche

Traubeneiche

Pyramidenpappel

Moorbirke

Hängebirke

Platane

Esche

Gregor Aas
Andreas Riedmiller

GU Natur-
führer
Bäume

Laub- und
Nadelbäume Europas
erkennen
und bestimmen

Mitarbeit:
Prof. Dr. Peter Schütt

GU

Gräfe und Unzer

Einstecken – Natur entdecken

Der **GU Naturführer Bäume** ist für Naturfreunde und Gartenbesitz
maßgeschneidert: Sein handliches Einsteck-Format, der strapazierfähig
Einband und nur 300 Gramm Gewicht machen ihn zum idealen Bestim
mungsbuch für unterwegs und zu Hause. Abgebildet und beschrieben
sind nahezu alle in Mitteleuropa heimischen Baumarten, wichtige fremd
ländische Baumarten sowie eine Auswahl häufiger Bäume Südeuropa
und des Mittelmeergebietes.

800 faszinierend schöne Naturfarbfotos, speziell für dieses Buch aufg
nommen, zeigen die Bäume in Gesamtansicht und in wichtigen Detail
wie Nadeln, Blätter, Blüten und Rinden. Der übersichtlich gegliedert
Text beschreibt knapp und präzise in Form eines Steckbriefes die wesen
lichen Erkennungsmerkmale. Dazu kommen Angaben zur Verbreitur
und zum Standort der Bäume sowie Hinweise auf etwaige Besonderhe
ten.

Um auch botanisch Unerfahrenen das Bäumebestimmen so leicht w
möglich zu machen, wurde mit dem **GU Kennfarben-Code** ein Bestim
mungssystem gewählt, das ebenso einfach wie sinnvoll ist: Die vorgestel
ten Baumarten sind in sechs Gruppen zusammengefaßt, jede Baumgru
pe (Übersicht auf gegenüberliegender Seite) hat ihre eigene Kennfarb
und ihr eigenes Symbol; Farbfotos und Beschreibungstexte stehen in en
sprechenden Farbfonds. **Signalfarbene Griffmarken** – außen am Buc
deutlich sichtbar – erleichtern das Auffinden der verschiedenen Baum
gruppen. **Rindenfarbfotos und gezeichnete Baum-Silhouetten** sind wichtig
Bestimmungshilfen im Winter.

Im Anhang des Buches findet der Leser eine **kleine Baumkunde** mit E
läuterungen botanischer Begriffe, **Wissenswertes über Baumkrankheite**
und ein ausführliches **Artenregister** mit den lateinischen und deutsche
Namen.

Autoren und Verlag danken Herrn Professor Peter Schütt für die Durch
sicht der Texte und die Mitarbeit bei der Zusammenstellung des Buche
Herrn Heinz Bogner für die eindrucksvollen Baum-Silhouetten und bota
nischen Zeichnungen.

Die Farbfotos auf Umschlag und Innenseite

Vorderseite:
oben: links Roteiche, darunter Gewöhnliche Esche, Mitte Gemeine
Fichte, rechts Bergahorn, darunter
Persische Eiche/Frucht und Blatt.
Mitte: links Silberahorn, Mitte Rotbuche, rechts Bergahorn.
unten: links Griechische Tanne,
rechts Ginkgo.

Rückseite:
oben: links Korbweide, Mitte Feldahorn, rechts Tulpenmagnolie.
Mitte: links Kolchischer Ahorn,
darunter Gartenapfelbaum, Mitte
Erdbeerbaum, darunter Hopfenbuche, rechts Nordmannstanne.
unten: links Stechpalme, rechts
Korkeiche.

Buchrücken: oben Rote China-Birke, unten Mammutbaum.
Innentitel: Rotbuche („Bavariabuche")

Die Baumgruppen, ihre Kennfarben und Symbole

Kenn-farbe	Sym-bol	Baumgruppe	Seite
		Unter der blauen Kennfarbe finden Sie Nadelbäume mit einzeln am Zweig stehenden Nadeln.	8–41
		Unter der braunen Kennfarbe finden Sie Nadelbäume, deren Nadeln gebüschelt an Kurztrieben stehen; diese Büschel bestehen aus 2, 3, 5 oder vielen Nadeln.	42–67
		Unter der roten Kennfarbe finden Sie Nadelbäume mit schuppenförmigen Blättern.	68–77
		Unter der gelben Kennfarbe finden Sie Laubbäume mit Fiederblättern, d. h. die Blattspreite besteht aus mehreren, voneinander getrennten Blättchen, die einer gemeinsamen Blattspindel entspringen.	78–105
		Unter der dunkelgrünen Kennfarbe finden Sie Laubbäume mit einfachen, ungeteilten Blättern, d. h. die Blattspreite besteht aus einem Teil, kann aber durchaus gelappt oder eingeschnitten sein; die Blätter sind gegenständig, immer 2 Blätter stehen sich an einem Knoten der Triebachse gegenüber.	106–127
		Unter der hellgrünen Kennfarbe finden Sie Laubbäume, mit einfachen, ungeteilten Blättern, d. h. die Blattspreite besteht aus einem Teil, kann aber durchaus gelappt oder eingeschnitten sein; die Blätter sind wechselständig, an einem Knoten der Triebachse entspringt immer nur ein Blatt.	128–239

Ausnahmen

Der Ginkgo (Seite 128) ist kein Laubbaum; wegen seiner wechselständigen, laubblattähnlichen Blätter steht er dennoch in der Gruppe der Laubbäume mit einfachen, wechselständigen Blättern (hellgrüne Kennfarbe). Der Faulbaum (Seite 118) hat wechselständige Blätter; er ist als Ähnliche Art beim Kreuzdorn beschrieben, der in der Gruppe der gegenständig beblätterten Laubbäume (dunkelgrüne Kennfarbe) steht.

Die Systematik innerhalb der Farbgruppen

Innerhalb jeder Farbgruppe sind die Baumarten mit wenigen Ausnahmen gemäß ihrer Zugehörigkeit zu höheren systematischen Einheiten (Gattung, Familie) geordnet.

5

So gehen Sie beim Bestimmen vor

Ordnen Sie den Baum, den Sie bestimmen wollen, einer der 6 Baumgru
pen (Kennfarben) zu. Mit Hilfe der Farbfotos und der im Steckbrief b
schriebenen Merkmale können Sie dort diesen Baum finden. Ziehen S
möglichst viele Merkmale zur Bestimmung heran. Die typische Größe u
Form von Blättern erkennen Sie am besten, wenn Sie mehrere Blätter ein
oder einiger Seitenzweige des zu bestimmenden Baumes betrachten. Blät
von Stockausschlägen, kräftigen Schößlingen und Wasserreisern sind da
gen oft untypisch.

Die Auswahl der Baumarten

Im GU-Naturführer »Bäume« sind nahezu alle in Mitteleuropa einhei
schen Baumarten und zahlreiche gelegentlich baumförmig wachsen
Sträucher vorgestellt. Daneben findet der Leser die wichtigsten Park- u
Gartenbäume, forstlich bedeutsame fremdländische Baumarten, sowie
ne Auswahl häufiger Bäume Südeuropas und des Mittelmeergebietes.

Erläuterungen der Steckbrieftexte

Bäume sind Individuen, deren Merkmale an einer Pflanze, wie auch z
schen verschiedenen Pflanzen einer Art variieren. Die **Farbfotos** geben i
mer nur die Merkmale eines oder weniger Individuen einer Art wieder; A
weichungen zwischen dem gefundenen Baum und den Abbildungen si
somit möglich. In den **Steckbriefen** der vorgestellten Baumarten finden S
wichtige Angaben, die Ihnen zusammen mit den Farbfotos das Erkenn
eines Baumes ermöglichen sollen.

Unter dem **deutschen Namen** (in einigen Fällen daneben auch gebräuc
liche Zweitnamen) steht der **lateinische,** in Klammern der Name
Pflanzenfamilie.

Das charakteristische Erscheinungsbild ist unter dem Stichwort **Gestalt**
schrieben. Angegeben ist, ob es sich um einen Laub- oder Nadelbaum ha
delt, wie hoch er werden kann (günstige Wuchsbedingungen vorausgeset
und wie Krone und Stamm im Normalfall ausgeformt sind. All diese
genschaften unterliegen in Abhängigkeit von Umweltbedingungen
trächtlichen Schwankungen. Merkmale der **Triebe** und **Knospen** sind nur
wähnt, falls sie für die exakte Bestimmung erforderlich sind. Wicht
Erkennungsmerkmale liefern stets die **Nadeln** und **Blätter;** dazu zählen i
Stellung an der Triebachse, die Form von Umriß, Blattrand, Blattspitze u
Blattbasis, die Blattfarbe, Behaarung und der Blattstiel. Zu beachten
daß Größenangaben Durchschnitts- oder Mittelwerte sind (gelegentli
sind in Klammern Extremwerte angegeben) und somit Abweichungen
manchen Fällen auftreten können.

Auch Art, Anordnung, Aufbau, Form, Farbe und Größe der **Blüten** u
Früchte, wenn vorhanden, sind bei der Bestimmung von Bedeutung.

Ganzjährig sichtbar ist die **Rinde** des Baumes; in vielen Fällen untersch
det sich die zuerst gebildete, meist glatte Rinde deutlich von der späte
Borke.

Unter **Verbreitung** ist das natürliche Vorkommen (Areal) einer Baumart
gegeben. Für Baumarten, die in Mitteleuropa zwar nicht einheimisch si
aber angebaut werden, ist dies eigens vermerkt. Wissenswertes über
Ökologie einer Baumart erfährt der Leser unter dem Stichwort **Standort,**
zum Beispiel wo diese häufig auftritt, welche Böden von ihr bevorzugt

edelt werden, ob es sich um eine Schatt- oder Lichtbaumart handelt und
e stark sie durch Fröste und Dürre gefährdet ist. Unter dem Stichwort
ähnliche Arten sind ähnliche Baumarten entweder kurz beschrieben oder es
rd auf eigens abgehandelte an anderer Stelle im Buch verwiesen. Sie soll-
n bei der Bestimmung in jedem Fall berücksichtigt werden, um Verwechs-
ngen zu vermeiden.

er **Hinweis** schließlich informiert den Leser über Besonderheiten einer
aumart, die sich nicht eindeutig den Stichworten innerhalb des Steck-
iefs zuordnen lassen.

eitere Bestimmungshilfen

kurzer und leicht verständlicher Form vermittelt die **Kleine Baumkunde**
eite 240) botanisches Grundwissen und erläutert die in den Steckbriefen
rwendeten Begriffe. Botanische Zeichnungen ergänzen die Erklärungen.
n **Arten-Register** (Seite 252) macht das Auffinden der Baumarten leicht;
enthält alle deutschen (auch gebräuchliche Zweitnamen) und lateini-
hen Artbezeichnungen. Als zusätzliche Hilfe sind alle Baumarten, die ei-
m gemeinsamen, deutschen Oberbegriff (meist der Gattungsname) zuge-
dnet werden können, im Register auch unter diesem aufgeführt. Es kann
m Beispiel vorkommen, daß man einen Baum wohl als Eiche (Oberbe-
iff) erkennt, den zutreffenden Artnamen jedoch nicht weiß (z. B. Stiel-
che). Unter »Eiche« findet deshalb der Leser im Register alle behandel-
n Eichenarten und kann so rasch überprüfen, um welche Eichenart es
h beim zu bestimmenden Baum handelt.

erwendete Abkürzungen und Symbole

).	= subspezies (Unterart)
	= männlich
	= weiblich
XII	= Januar–Dezember
	= Hybrid, Bastard (vor lateinischen Artnamen).

Die Autoren:

Gregor Aas, Dipl.-Forstwirt. Mitarbeiter am Lehrstuhl für
Forstbotanik der Universität München.

Andreas Riedmiller, gelernter Gärtner. Fotograf, Spezialgebiet
Naturfotografie.

Wissenschaftliche Beratung:

Professor Dr. Peter Schütt, Leiter des Lehrstuhls für
Forstbotanik der Universität München.

Weißtanne

Abies alba Mill.
(Kieferngewächse)

Gestalt: Bis 50 m hoher, kerzengerader Nadelbaum; Krone anfangs spitz kegelförmig, später säulig mit abgeflachtem Wipfel (Storchennestkrone). Triebe: Graubraun be-

Die ♂ Blüten (links) finden sich gehäuft an d Triebunterseite; die größeren ♀ Blütenzäpfchen (rechts) stehen aufrecht an der Zweigoberseite.

Die Nadeln der Weißtanne werden bis zu 12 Jahre alt.

haart. Knospen: Eiförmig, nicht harzend. Nadeln: Sitzen mit scheibenförmiger Basis am Zweig. Stellung an gut belichteten Trieben radial, an beschatteten gescheitelt. 1,5–3,5 cm lang, flach, vorne rund oder gekerbt; oberseits glänzend dunkelgrün, unterseits 2 weiße

Trieboberseite (links); Triebunterseite (rechts).

Längsstreifen. Nadelalter 8–12 Jahre. Blüten (V): Einhäusig verteilt. An vorjährigen Trieben im oberen Kronenbereich. ♂ zweigunterseits gehäuft, 2–3 cm lang, walzenförmig, gelblich. ♀ in aufrechten, 2–6 cm langen Zäpfchen, hellgrün. Zapfen (X): Nur im Wipfelbereich, aufrecht; 10–15 cm lang, hellbraun. Deckschuppen sichtbar. Nach der Reife zerfällt

der Zapfen am Baum, nur die Zapfenspindel bleibt zurück (typisc für Tannen). Rinde: Silbergrau feinrissige Schuppenborke (Fo Seite 246). Verbreitung: Gebirg Mittel- und Südeuropas. Standor Mittlere und obere Bergwaldstu

Tannenzapfen (l) zerfallen zur Reife am Baum zurück bleibt die Zapfenspindel (r).

(Alpen bis 1600 m); häufig mit B che und Fichte. Auf allen Geste nen, bevorzugt Lagen höhere Luft- und Bodenfeuchte. Spä frostempfindlich, extreme Schat baumart, Tiefwurzler. Ähnlich Arten: Große Küstentanne (Se te 12), Nordmannstanne (Seite 10 Hinweis: Der Bestand der Weiß tanne ist bei uns gefährdet. Dafü sind verantwortlich: überhöht Schalenwildbestände, ungeeignet Verfahren der Waldverjüngun und das Tannensterben.

Solitär stehende Weißtanne.

Nordmannstanne

Abies nordmanniana Spach
(Kieferngewächse)

Gestalt: In der Heimat bis 60 m, in Mitteleuropa bis 30 m hoher Nadelbaum. Triebe: Anfangs behaart, später kahl. Oft zusätzliche, vierte endständige Knospe, aus der sich

Zweig der Nordmannstanne.

Nordmannstanne: ♂ Blüten (l); reifender Zapfen mit den hervorragenden Deckschuppen

Weihnachtsbaum. Ähnliche Art Weißtanne (Seite 8).

Koreanische Tanne

Abies koreana Wils.
(Kieferngewächse)

Gestalt: Kleiner, bis 15 m hoher trägwüchsiger Nadelbaum. Triebe Anfangs schwach behaart, später kahl; leicht gefurcht. Knospen Rundlich, schwach harzend. Nadeln: Stehen dicht radial um den Trieb. Nur 1–2 cm lang, zur runden oder gekerbten Spitze hin meist etwas verbreitert; oberseits glänzend dunkelgrün, unterseits

ein spitzwinklig nach unten gerichteter Seitenzweig entwickelt. Knospen: Eiförmig, nicht harzend. Nadeln: Stehen dicht, zweigoberseits radial, die oberen nach vorne

Trieboberseits sind die Nadeln der Nordmannstanne nach vorne gerichtet.

gerichtet; unterseits vor allem bei Schattenzweigen gescheitelt. 2–3,5 cm lang, flach, vorne rund oder gekerbt; oberseits stark glänzend dunkelgrün, unterseits 2 weiße Längsstreifen. Zapfen (IX, X): Aufrecht; 12–20 cm lang, braun; harzend. Deckschuppen sichtbar. Rinde: Foto Seite 246. Verbreitung: Westkaukasus, Nordanatolien. In Mitteleuropa in Parks. Standort: Gebirge (900–2000 m). Ähnliche Bodenansprüche wie Weißtanne; frosthart; beliebter

Die kurzen Nadeln der Koreanischen Tanne stehen rings um die Triebachse.

kreideweiß. Zapfen (X, XI): Bereits an jungen Bäumen, aufrecht 4–7 cm lang; unreif blauviolett reif braun; harzend. Deckschuppen sichtbar. Verbreitung: Gebirge Südkoreas. In Mitteleuropa häufig in Gärten. Standort: Frosthart, be genügend Feuchtigkeit standort tolerant.

Nordmannstanne.

Große Küstentanne

Abies grandis Lindl.
(Kieferngewächse)

Gestalt: In der Heimat bis 85 m (größte aller Tannen), in Mitteleuropa bis 40 m hoher Nadelbaum.

Zweig der Großen Küstentanne.

Triebe: Fein behaart. Knospen: Eiförmig, schwach harzend. Nadeln: Stehen kammartig gescheitelt. 2–5 cm lang, zweigoberseits stets kürzer als unterseits; oberseits glänzend dunkelgrün, unterseits 2 weiße Längsstreifen. Zapfen (IX,

Die Nadeln der Großen Küstentanne stehen sowohl trieboberseits (l), wie triebunterseits (r) streng gescheitelt.

X): Aufrecht; 5–10 cm lang, braun. Deckschuppen nicht sichtbar. Rinde: Graubraun mit Harzbeulen; Borke rissig (Foto Seite 246). Verbreitung: Nordwestliches Nordamerika. In Mitteleuropa in Parks, gelegentlich forstlich angebaut. Standort: Gedeiht bei ausreichend Feuchtigkeit auch auf ärmeren Böden; frosthart, Halbschattenbaumart, Tiefwurzler. Ähnliche Art: Weißtanne (Seite 8).

Veitchstanne

Abies veitchii Lindl.
(Kieferngewächse)

Gestalt: Bis 25 m hoher Nadelbaum. Triebe: Dicht kurzbehaart oder kahl. Knospen: Rundlich harzend. Nadeln: Stehen zweig oberseits radial, unterseits gescheitelt, zeigen zur Triebspitze hin

Veitchstanne: Nadeln oberseits glänzend dunkelgrün (l), unterseits kreideweiß (r).

1–3 cm lang, weich, vorne abgestutzt und gekerbt; oberseits längsgefurcht, glänzend grün, unterseits 2 grell kalkweiße Längsstreifen.

Veitchstanne: Nadeloberseite gefurcht, Spitze eingekerbt.

Zapfen (IX, X): Bereits an jungen Bäumen, aufrecht; 6–8 cm lang braun. Nur Spitzen der Deckschuppen sichtbar. Rinde: Grau lange glatt; kreisförmige Falte, um die Ansatzstellen der Äste. Verbreitung: Japan (Insel Hondo). In Mitteleuropa in Parks. Standort: Niederschlagsreiche Gebirgslage (1300–2500 m); dürregefährdet frosthart; nicht auf kalkreichen Böden, ansonsten standorttolerant.

Edeltanne

Abies procera Rehd.
(Kieferngewächse)

Gestalt: In der Heimat bis 70 m, in Europa bis 50 m hoher Nadelbaum; Krone anfangs kegelförmig, später breit säulig mit abgeflachtem Wipfel. Triebe: Fein behaart. Knospen: Kugelig, klein, schwach harzend. Nadeln: Stehen zweigoberseits dicht radial; unter-

Edeltanne: Zweig mit dichter, graugrüner Benadelung und roten ♂ Blüten.

seits gescheitelt. 2–3,5 cm lang, die untersten 2–5 mm eng am Zweig anliegend, dann annähernd rechtwinklig nach außen oder oben gebogen; vorne rund; beidseitig graugrün. Zapfen (IX, X): Auf-

Edeltanne: Triebunterseite mit typischer Nadelkrümmung nahe der Triebachse (l); Zapfen mit weit herausragenden Deckschuppen (r).

recht; sehr groß (15–25 cm); braun. Deckschuppen weit hervorragend. Rinde: Graue oder braune, rissige Borke. Verbreitung: Westliches Nordamerika. In Mitteleuropa in Parks. Standort: Regenreiche Gebirgslagen (800–1800 m), oft auf Urgestein. Benötigt ausreichend Feuchtigkeit; winterhart, etwas spätfrostgefährdet.

Koloradotanne

Silbertanne
Abies concolor Lindl.
(Kieferngewächse)

Gestalt: Bis 40 m hoher Nadelbaum mit kegelförmiger Krone. Triebe: Kahl. Knospen: Kugel

Die Nadeln der Koloradotanne sind säbelförmig nach oben gekrümmt.

bis eiförmig, klein, harzend. Nadeln: Lockerstehend; zweigoberseits säbelförmig aufgerichtet, unterseits gescheitelt. Sehr lang (4–7 cm), weich, vorne rund; beidseitig graugrün. Zapfen (IX, X

Koloradotanne: Trieb mit weichen, graugrünen Nadeln (l); Knospen (r).

Aufrecht; 7–13 cm lang. Deckschuppen nicht sichtbar. Rinde Grau, anfangs glatt mit Harzbeulen; später rissig (Foto Seite 246). Verbreitung: Zentrales Nordamerika. In Mitteleuropa Zierbaum. Standort: Gebirge (1800–3600 m winterhart; standorttolerant, gedeiht auch auf trockenen Böden.

Im Wipfelbereich dieser Edeltanne sind die stattlichen, aufrechten Zapfen gut erkennbar.

Griechische Tanne

Abies cephalonica Loud.
(Kieferngewächse)

Gestalt: Bis 35 m hoher Nadelbaum. Triebe: Kahl. Knospen: Eiförmig, harzend. Nadeln: Stehen
bürstenartig radial um den Trieb,

Griechische Tanne: starr bürstenförmig
benadelter Zweig.

mitunter auch mehr oder weniger
gescheitelt; 1,5–3 cm lang, zur Basis hin verdreht; starr, Spitze stechend, selten stumpf; oberseits
glänzend dunkelgrün, schwach
längsgefurcht, zur Spitze hin mit
unregelmäßigen weißen Streifen;
unterseits grauweiße Längsstrei-

Griechische Tanne: Trieb (l),
harzende Zapfen (r).

fen. Zapfen (IX, X): Aufrecht;
12–17 cm lang, braun, harzend.
Deckschuppen sichtbar. Rinde:
Grau, glatt; später rissig. Verbreitung: Griechenland. In Mitteleuropa in Parks. Standort: Gebirge
(800–1600 m), oft auf Kalk; nur in
geschützten Lagen winterhart, sehr
spätfrostgefährdet.

Spanische Tanne

Abies pinsapo Boiss.
(Kieferngewächse)

Gestalt: Trägwüchsiger, bis 25 [m]
hoher Nadelbaum; bei uns infol[ge]
Frostschäden meist verbusch[t].
Triebe: Kahl. Knospen: Eiförmig
harzend. Nadeln: Stehen immer
auch an Schattenzweigen - dic[ht]
bürstenartig radial um den Trie[b]

Zweig der Spanischen Tanne mit starren,
graugrünen Nadeln und ♂ Blüten.

1–2 cm lang, zur Basis hin nic[ht]
verdreht; starr, vorne zugespit[zt]
aber kaum stechend; Obersei[ts]
nicht gefurcht; dunkel- oder gra[u]
grün. Zapfen (IX, X): Aufrech[t]
10–15 cm lang, braun. Dec[k]
schuppen nicht sichtbar. Rind[e]

Spanische Tanne: Trieb (l); ♂ Blüten (r).

Zunächst grau, glatt; später dun[ke]-
le Schuppenborke. Verbreitun[g]
Südspanien. Die Naturvorkommen sind bis auf kleine, geschütz[te]
Reste (Sierra de las Nievas) we[it]-
gehend zerstört. In Mitteleurop[a]
in Parks. Standort: Gebirge (1000[-]
2000 m); Kalkböden, dürreu[n]
empfindlich; sehr frostgefährd[et].

Griechische Tanne

Douglasie

Pseudotsuga menziesii Franco
(Kieferngewächse)

Gestalt: In der Heimat bis 100 m, in Europa bis 50 m hoher, sehr raschwüchsiger Nadelbaum; Krone anfangs kegelförmig, später abgeflacht, durch waagerecht abstehende, starke Äste breit und unregelmäßig. Knospen: Spitz kegelförmig, bis 1 cm lang, braun. Nadeln: Stehen radial oder gescheitelt, die stielartig verschmälerte

♂ Blüten.

fangs grau, dünn, glatt, mit Ha beulen; später rot- bis graubrau tief gefurchte, dicke, weiche Bor (Foto Seite 246). Verbreitung: F zifisches Nordamerika. In Mitt europa in Parks, forstlich die wic tigste fremdländische Bauma Standort: Bestes Wachstum a tiefgründigen, mäßig sauren, f schen, sandigen Lehmböde Kalkstandorte ungünstig. Sp frostgefährdete Halbschattbau art.

Zweig.

Nadelbasis sitzt einem leicht erhobenen, schiefen Polster des Zweiges auf. 2–3,5 cm lang, flach, weich, vorne rund oder zugespitzt; oberseits grün, unterseits 2 weiße Längsstreifen. Blüten (IV, V): Einhäusig verteilt. ♂ einzeln, zweigunterseits, walzenförmig, gelb. ♀ in aufrechten Zäpfchen, 2–6 cm lang, grün oder rot. Zapfen (IX,

Erkennungsmerkmale der Douglasie: spind förmige Knospen (I), Zapfen mit herausrag den Deckschuppen.

Hinweis: Bei der Douglasie lass sich aufgrund des riesigen, k matisch sehr verschiedenartig Areals 2 Klimarassen untersch den: Die Grüne oder Küstendo glasie *(var. menziesii)* besiedel d niederschlagsreiche Küstenregio ist sehr wüchsig, für West- u Mitteleuropa besser geeignet. D Gebirgs- oder Inlanddougla *(var. glauca)* besiedelt küstenfer Gebirge, ist weniger wüchsig, d Nadeln sind kürzer, bläulichgrü Zapfen 5–6 cm.

Trieboberseite (l), Triebunterseite (r).

X): Hängend; 5–10 cm lang; hellbraun. Als Ganzes abfallend. Die dreizackigen Spitzen der Deckschuppen gut sichtbar. Rinde: An-

Alte Douglasie mit stark zerzauster Krone

Kanadische Hemlocktanne

Tsuga canadensis Carr.
(Kieferngewächse)

Gestalt: In der Heimat bis 50 m, in Europa bis 20 m hoher Nadelbaum mit breit kegelförmiger Krone; Spitzen der waagerecht abstehenden Äste wie Wipfel bogig überhängend. Nadeln: Stehen mit kurzen Stielchen undeutlich gescheitelt am Zweig; zweigoberseits oft kleine Nadeln, die der Triebachse verdreht anliegen, so daß die helle Unterseite nach oben zeigt.

Kleine, kurzgestielte Zapfen der Kanadisch[en] Hemlocktanne.

braun. Erst längere Zeit nach de[m] Samenfall als Ganzes abfallen[d]. Rinde: Graubraune, hell gefurch[te] Borke (Foto Seite 246). Verbr[ei]tung: Nordöstliches Nordamerik[a]. In Mitteleuropa Zierbaum. Stan[d]ort: Schattige, feuchte Lagen (6[00] bis 1600 m); meist auf saur[en] Böden; winterhart, empfindli[ch] gegen Trockenheit; Flachwurzl[er] extreme Schattbaumart. Ähnlic[he] Art: Westliche Hemlocktanne.

Zweig der Kanadischen Hemlocktanne.

8–18 mm lang, flach, von der Basis zur abgerundeten Spitze etwas schmäler werdend; oberseits dunkelgrün, unterseits entlang der beiden weißen Streifen deutlicher grüner Rand. Blüten (V): Einhäusig verteilt. ♂ kugelig, klein (3–4 mm), gelbgrün. ♀ in aufrechten, kleinen (5–7 mm) Zäpfchen,

Kanadische Hemlocktanne: Unterseite der gestielten Nadeln (l); ♂ Blüten vor dem Stäuben (r).

hellgrün. Zapfen (IX, X): Meist zahlreich; hängend; kurzgestielt; klein (1,5–2 cm lang), eiförmig,

Westliche Hemlocktanne

Tsuga heterophylla Sarg.
(Kieferngewächse)

Unterschiede zur Kanadisch[en] Hemlocktanne: Gestalt: Höhe [in] der Heimat bis 80 m, in Europa b[is] 40 m; Krone anfangs kegelförm[ig,] später unregelmäßig breit. N[a]deln: An Basis und Spitze etw[a] gleich breit; unterseits entlang d[er] beiden hellen Streifen nur schm[a]ler, undeutlicher grüner Ran[d.] Zapfen: Ungestielt; 2–2,5 cm lar[g.] Rinde: Foto Seite 246. Verbr[ei]tung: Nordwestliches Nordame[ri]ka. In Mitteleuropa seltener als [die] Kanadische Hemlocktanne; for[st]lich versuchsweise angeba[ut.] Standort: Bevorzugt in küste[n]nahen, boden- und luftfeucht[en] Lagen. Ähnliche Art: Kanadisc[he] Hemlocktanne.

Kanadische Hemlocktanne

Gemeine Fichte

Rotfichte
Picea abies Karst.
(Kieferngewächse)

<u>Gestalt:</u> Bis 50 m hoher, kerzengerader Nadelbaum; Krone gleichmäßig spitz kegelförmig, Äste quirlständig. <u>Triebe:</u> Kahl oder spärlich behaart. <u>Nadeln:</u> Sitzen auf kleinen, braunen, stielartig verlängerten Nadelkissen des Zweiges (Kennzeichen aller Fichten).

Die ♂ Blüten (l) sind deutlich kleiner als die aufrechten ♀ Blütenzäpfchen (r).

Zweig mit Zapfen.

Stellung radial, nur an Schattenzweigen unterseits gescheitelt. 1–2,5 cm lang, vierkantig, steif und spitz; allseitig dunkelgrün. Nadelalter 5–7 Jahre. <u>Blüten</u> (IV, V): Einhäusig verteilt. ♂ über die ganze Krone verteilt, 1,5–3 cm lang, walzenförmig, erst rot, dann gelb.

Trieboberseite (l), Triebunterseite (r). Fichtennadeln sitzen auf einem stielartig verlängerten Nadelkissen.

♀ Zäpfchen nur im Wipfelbereich, aufrecht, 2–5 cm lang, rötlich. <u>Zapfen</u> (IX, X): Hängend; 10–16 cm lang, braun. Deckschuppen nicht sichtbar. Als Ganzes abfallend. <u>Rinde:</u> Graue oder rotbraune, dünnschuppige Bor (Foto Seite 246). <u>Verbreitung:</u> Gr ße Teile des euroasiatisch Raums. <u>Standort:</u> In Mitteleuro von Natur aus waldbildend kühlfeuchten Berglagen üb 800 m Höhe (montane und sub pine Stufe; in den Alpen bis etv 2000 m). Außerhalb dieser Gebie durch die Forstwirtschaft weit ve breitet. Nährstoff- und Wärmea sprüche gering, ausreichende Wa serversorgung wichtig, da fla wurzelnd. Bevorzugt auf frisch bis feuchten, tiefgründigen, lock ren Lehmböden. Halbschattbau art. <u>Ähnliche Arten:</u> Kaukasu fichte (Seite 24), Sitkafichte (S te 24).

<u>Hinweis:</u> Seit einigen Jahren tret bei der Fichte, dem wichtigst Baum der mitteleuropäisch Forstwirtschaft – verursacht dur Luftverschmutzung – Absterbee scheinungen auf (Fichtensterbe wichtigstes Symptom: Nadelv lust). Viele Fragen des Krankhei geschehens sind noch ungeklärt.

Als Anpassung an schwere Schneelasten s Hochgebirgsfichten meist schmalkronig (u ten und oben rechts); Fichten tieferer Lage haben dagegen breit kegelförmige Kronen (oben links).

Kaukasusfichte

Picea orientalis Link
(Kieferngewächse)

Gestalt: Bis 50 m hoher Nadelbaum mit spitz kegelförmiger Krone. **Triebe:** Fein behaart. **Nadeln:** Stehen dicht, zweigoberseits radial, unterseits mehr oder weniger gescheitelt. Nur 5–10 mm lang (die Fichte mit den kürzesten Nadeln!), deutlich vierkantig, steif, stumpf;

Kaukasusfichte: Zweig mit ♂ Blüten. Das zarte Grün der eben erscheinenden Maitriebe hebt sich vom kräftigen Dunkelgrün der älteren Nadeln ab.

glänzend dunkelgrün. **Zapfen** (IX, X): Hängend; 5–9 cm lang; unreif violett, reif braun; harzend. **Rinde:** Dünne, braune Schuppenborke.

Kaukasusfichte: Triebe (Ober- und Unterseite) mit kurzen, kräftigen Nadeln (l); unreife, harzende Zapfen (r).

Verbreitung: Nördliches Kleinasien, Kaukasus. In Mitteleuropa in Parks. **Standort:** Gebirge (800–2000 m). Frostempfindlicher, aber dürreresistenter als die Gemeine Fichte. **Ähnliche Art:** Gemeine Fichte (Seite 22).

Sitkafichte

Picea sitchensis Carr.
(Kieferngewächse)

Gestalt: In der Heimat bis 90 m, Europa bis 50 m hoher, rasc wüchsiger Nadelbaum mit kege

Wipfelbereich einer Sitkafichte.

förmiger Krone. **Triebe:** Mei kahl. **Nadeln:** Stehen zweigobe seits radial, unterseits gescheite 1,5–2,5 cm lang, flach, schlan steif und scharf stechend; obe seits glänzendgrün, unterseits s

Sitkafichte: Nadeloberseite glänzend dunke grün (l), Nadelunterseite silbergrau (r). Nade spitze stets stechend spitzig.

bergrau. **Zapfen** (VIII, IX): Hä gend; kurzgestielt; 5–10 cm lang hellbraun. **Rinde:** Dünne, grau bis rotbraune Schuppenbork **Verbreitung:** Westliches Nordam rika. In Europa in Parks, in K stennähe auch forstlich angebau **Standort:** Tieflagen mit ausgegl chenem, regenreichem Klima, he her Luftfeuchtigkeit. Geringe Näh stoffansprüche, gefährdet durc Frost und Dürre. Flachwurzle **Ähnliche Art:** Gemeine Fich (Seite 22), Stechfichte (Seite 28).

Kaukasusfichten.

Omorikafichte

Serbische Fichte
Picea omorika Purk.
(Kieferngewächse)

<u>Gestalt:</u> Bis 35 m hoher, kerzenge-
rader Nadelbaum; Krone dicht,
schmal und spitz kegelförmig, im
Alter mitunter fast säulenartig; im
Freistand tief beastet, mit kurzen,
zur Spitze hin bogig aufgerichteten
Ästen. <u>Triebe:</u> Kurz und dichtdrü-
sig behaart. <u>Nadeln:</u> Sitzen auf
kleinen, braunen, stielartig verlängerten Nadelkissen des Zweiges.

Heranreifende Zapfen (l), reifer, sich öffnende
Zapfen (r).

Wipfelbereich mit Zapfen.

Radial um den Zweig angeordnet,
bei Schattenzweigen unterseits gelegentlich undeutlich gescheitelt.
1–2 cm lang, flach, steif, stumpf
oder kurz zugespitzt; oberseits
glänzend dunkelgrün, unterseits
2 weiße Längsstreifen. Nadelalter

Trieboberseite (l), Triebunterseite (r). Die
Nadeln sind flach und haben unterseits
zwei weiße Längsstreifen.

bis 10 Jahre. <u>Blüten</u> (V): Einhäusig
verteilt. ♂ 1–2 cm lang, hellrot. ♀
in aufrechten, 1,5–2,5 cm langen,
rötlichen Zäpfchen. <u>Zapfen</u> (IX,
X): Hängend; 4–6,5 cm lang; un-

reif dunkelviolett, reif braun; harzend. Deckschuppen nicht sichtbar. Als Ganzes abfallend. <u>Rinde</u>
Dünne, graubraune Borke, be
jungen Bäumen papierfein, im Al
ter plattenförmig geschuppt (Fot
Seite 246). <u>Verbreitung:</u> Sehr klei
nes, etwa 60 Hektar großes Area
im jugoslawischen Tara-Gebirge
In Mitteleuropa in Parks und Gär
ten die am häufigsten angepflanzt
Konifere. <u>Standort:</u> Mischwälde
auf Kalkverwitterungsböden ste
ler, meist schattseitiger Hanglage
zwischen 800 und 1500 m Höhe
Anspruchslos, gedeiht auf nahezu
allen Böden; unempfindlich gege
Nässe, Trockenheit und Fros
Halbschattbaumart, Flachwurzler
<u>Hinweis:</u> Die Omorikafichte wur
de an ihrem natürlichen, sehr un
wegsamen Standort erst 1877 en
deckt. Voreiszeitlich in weiten Te
len Europas heimisch, gelang e
dieser Art nicht, nach Rückgan
des Eises ihr ursprüngliches Area
wieder zu besiedeln.

Omorikafichten haben schmal kegelförmige
Kronen.

Stechfichte

Picea pungens Engelm.
(Kieferngewächse)

Die starren, spitzigen Nadeln sind meist säbelförmig gebogen (l); Zapfen (r).

Gestalt: In der Heimat bis 40 m, in Mitteleuropa bis 25 m hoher, trägwüchsiger Nadelbaum; dichte, breit kegelförmige Krone; Äste und Zweige waagerecht in einer Ebene ausgebreitet. Triebe: Kahl. Nadeln: Stehen auf kleinen, stielartig verlängerten, braunen Nadelkissen radial um den Zweig. fallend. Rinde: Dicke, gefurcht und rauh geschuppte Borke. Verbreitung: Zentrales Nordamerika. In Mitteleuropa sehr häufig i Parks und Gärten. Standort Mischbaumart im Gebirge (1800 3300 m), hauptsächlich an Fließge wässern. Ohne besondere Boden ansprüche, unempfindlich gege Frost und Luftverunreinigunger Braucht zur vollen Kronenentfa tung großen Standraum; Flach wurzler. Ähnliche Art: Sitkaficht (Seite 24).

Hinweis: Bei uns sind grün be nadelte Formen der Stechficht weitaus seltener als die dekorat ven, bläulichen Varianten, die a 'Glauca'-Formen oder Blaufichte bezeichnet werden. Die vielge brauchten Namen »Blau-« ode »Silbertanne« sind aus botani scher Sicht falsch, da es sich be diesen gärtnerisch beliebten Zie gehölzen um Fichten handelt.

Jüngere Stechfichte mit steifen, waagerecht abstehenden Ästen.

1,5–3 cm lang, meist leicht säbelförmig gebogen, vierkantig, sehr steif und stechend spitzig (Name!). Nadelalter 5–8 Jahre. Die Farbe variiert: neben dem mattgrünen Typ existieren blaugrün benadelte Formen *(P. pungens var. glauca).*

Zweig; die blaugrün benadelten Formen dominieren bei uns.

Blüten (V): Einhäusig verteilt. ♂ 1–2 cm lang, gelb. ♀ nur im Wipfelbereich, in aufrechten, rötlichen Zäpfchen. Zapfen (IX, X): Hängend; ungestielt; 7–11 cm lang; hellbraun; harzend. Deckschuppen nicht sichtbar. Als Ganzes ab-

Im Freistand sind Stechfichten bis ins hohe Alter tief beastet.

Mammutbaum

Sequoiadendron giganteum Buchh.
(Sumpfzypressengewächse)

Gestalt: In der Heimat bis 85 m, in Europa bis 50 m hoher Nadelbaum mit mächtigem Stamm;

Zweig eines Mammutbaums.

Krone kegelförmig. Nadeln: Pfriemförmig; spiralig angeordnet, dem Zweig mehr oder weniger angedrückt. 4–7 (12) mm lang, starr,

Mammutbaum: Trieb mit den pfriemförmigen Nadeln.

gleichmäßig zugespitzt; bläulichgrün. Blüten (IV, V): Einhäusig verteilt. ♂ klein, gelb. ♀ in 1 cm langen, grünen Zäpfchen. Zapfen: Eiförmig, 4–7 cm lang; erst grün, zur Samenreife im 2. Jahr rot-

Unreife, grüne Zapfen des Mammutbaums.

braun, verholzt. Rinde: Mächtige rotbraune, gefurchte Borke, weich faserig (Foto Seite 246). Verbreitung: Kalifornien. In Mitteleuropa in Parks. Standort: Gebirgslage (1400–2000 m) mit schneereichen Wintern und trockenen Sommern; meist tiefgründige, nährstoffreiche, gut wasserversorgte Böden; bei uns nicht völlig winterhart.

Hinweis: Die Mammutbäume in den kalifornischen Nationalpark Sequoia und Yosemite haben bei einem Alter von 2500–3000 Jahre bis zu 1600 m³ Holzmasse.

Japanische Sicheltanne

Cryptomeria japonica D. Don
(Sumpfzypressengewächse)

Gestalt: In der Heimat bis 50 m, in Mitteleuropa bis 20 m hoher Nadelbaum. Nadeln: Pfriemförmig, spiralig angeordnet. 0,6–2 (3) cm lang, säbelförmig gebogen, starr zugespitzt, dunkelgrün, im Winter

Japanische Sicheltanne: Starre, säbelförmig gebogene Nadeln (l); endständige, kugelige Zapfen (r).

oft bräunlich. Zapfen (X): Kugelig, 1,5–3 cm groß, braun; Zapfenschuppen mit dornartigen Anhängseln. Rinde: Rotbraune, in Längsstreifen abfasernde Borke (Foto Seite 246). Verbreitung Japan. In Mitteleuropa Zierbaum. Standort: Niederschlagsreiche, luftfeuchte Berglagen (500–1200 m); frische bis feuchte Böden; winterhart.

Auch in Europa wird der Mammutbaum sehr hoch.

Sumpfzypresse

Taxodium distichum L. C. Rich.
(Sumpfzypressengewächse)

»Atemknie« einer Sumpfzypresse.

Gestalt: Bis 50 m hoher, sommergrüner Nadelbaum. Triebe: Bräun-
liche Langtriebe und wechselständige, 5–15 cm lange, grüne Kurztriebe. Knospen: Klein, kugelig.
Nadeln: An Kurztrieben wechselständig, gescheitelt, 1–2 cm lang,

Die zartgrün benadelten Kurztriebe der
Sumpfzypresse stehen wechselständig
an bräunlichen Langtrieben.

flach, weich; hellgrün, im Herbst
braun; Kurztriebe fallen mit den
Nadeln ab. An Langtrieben spiralig angeordnete Schuppenblätter.
Blüten (III, IV): Einhäusig verteilt.

Zapfen der Sumpfzypresse.

♂ in 7–13 cm langen Blütenständen. ♀ in grünen Zäpfchen. Zapfen (X, XI): Kugelig, 2–2,5 cm
groß; braun. Rinde: Graue bis rotbraune, fein längsrissige, weiche
Borke, von der sich faserige Streifen ablösen (Foto Seite 246). Verbreitung: Südöstliches Nordamerika. In Mitteleuropa in Parks.
Standort: Sümpfe, Flußauen; frische bis nasse Böden; ansonsten
anspruchslos; jung frostgefährde
Ähnliche Art: Urwelt – Mammu
baum (Seite 34).
Hinweis: »Atemknie« sind kni
förmige Wurzelauswüchse älter
Bäume. Sie dienen der Sauerstof
versorgung der Wurzeln.

Küstensequoie

Sequoia sempervirens Endl.
(Sumpfzypressengewächse)

Gestalt: In der Heimat bis 110
(höchster Nadelbaum übe
haupt!), in Mitteleuropa bis 20
hoher Nadelbaum. Nadeln: A
Haupttrieben spiralig stehen
schuppenförmig, 3–8 mm lang; a
Seitentrieben gescheitelt, nadelfö
mig, 6–20 mm lang, flach, obe
dunkelgrün, unten graugrün. Za
fen (X): Eiförmig, 2–2,5 cm gro

Küstensequoie: Zweig (l), Zapfen (r).

Rinde: Mächtige, rotbraune, g
furchte Borke, weich, faserig. Ve
breitung: Pazifikküste Nordamer
kas. In Mitteleuropa nur in de
mildesten Gebieten winterhart.

Sumpfzypresse im Herbst.

32

Urwelt-Mammut-baum

Metasequoie
Metasequoia glyptostroboides
Hu et Cheng
(Sumpfzypressengewächse)

<u>Gestalt:</u> Bis 35 m hoher, sommer-grüner Nadelbaum, raschwüchsig; Krone kegelförmig. Stamm mit Dellen unterhalb der Ansatzstellen der Äste. <u>Triebe:</u> Bräunliche Langtriebe und gegenständige, 5–15 cm

Die heranreifenden, grünen Zapfen stehen aufrecht; reif hängen sie.

Zweig im Herbst; die Nadeln verfärben sich rötlich, ehe sie samt den Kurztrieben abfallen.

lange, grüne Kurztriebe. <u>Knospen:</u> Länglich eiförmig, bis 4 mm lang, gegenständig, spitz- bis rechtwinklig abstehend. <u>Nadeln:</u> An Langtrieben spiralig; an Kurztrieben gegenständig, gescheitelt. 1–3,5 cm lang, flach, weich; hellgrün, im

Kurztrieb mit kammförmig gescheitelten, gegenständigen Nadeln (l); am Stamm finden sich unterhalb der Astansätze Dellen (r).

Herbst rötlich; Kurztriebe fallen mit Nadeln ab. <u>Blüten</u> (V): Einhäusig verteilt. ♂ in bis 10 cm langen Blütenständen, klein, kugelig. ♀ in endständigen, grünen Zäpfchen. <u>Zapfen</u> (X–XII): Eiförmig

bis kugelig; langgestielt 1,5–2,5 c[m] groß, unreif aufrecht, grün; re[if] braun, hängend. <u>Rinde:</u> Grau- b[is] rotbraune, längsrissige, weich[e] Borke, von der sich faserige Str[ei]fen ablösen. <u>Verbreitung:</u> Chin[a,] Nordwesten der Provinz Hupe[h.] In Mitteleuropa häufiger Par[k-] und Gartenbaum. <u>Standort:</u> Tie[f-] gründige, durchlässige, frische [bis] feuchte, nährstoffreiche Böde[n.] Winterharte, aber spätfrostgefä[hr-] dete Halbschattbaumart. <u>Ähnlic[he]</u> <u>Art:</u> Sumpfzypresse (Seite 32).

<u>Hinweis:</u> Der Urwelt-Mammu[t-] baum wurde erst 1941 entdec[kt,] nachdem zuvor im selben Jahr e[in] Japaner die Gattung Metasequo[ia] anhand fossiler Funde neu b[e-] schrieben hatte, in Unkenntn[is,] daß davon noch ein lebender Ve[r-] treter existierte. 1947 gelangte Saa[t-] gut nach Europa, wo wenige da[r-] aus angezogene Pflanzen dur[ch] Stecklingsvermehrung rasch gro[ße] Verbreitung fanden.

Kleine Gruppe von dicht zusammenstehen-den Urwelt-Mammutbäumen.

Gemeiner Wacholder

Juniperus communis L.
(Zypressengewächse)

Reife Beerenzapfen.

Gestalt: Strauch oder kleiner, bis 10 m hoher, trägwüchsiger Nadelbaum; Krone vielgestaltig, kegel- oder säulenförmig, meist vom Grunde an mehrstämmig verzweigt; Äste spitzwinklig anstei-

Zweig mit Beerenzapfen.

gend. Nadeln: Stehen in dreizähligen Quirlen. 1–1,8 cm lang, steif, stechend spitzig; oberseits rinnenförmig vertieft, mit breitem, grauweißem Band; unterseits mehr oder weniger gekielt, grün. Nadelalter 3–4 Jahre. Blüten (IV–VI): Zweihäusig, selten einhäusig verteilt; in den Achseln einjähriger Nadeln. ♂ einzeln, eiförmig, 4–5 mm lang, gelb. ♀ in unauffälligen, nur 2 mm großen, grünen

Die stechenden Nadeln sind in dreizähligen Quirlen angeordnet.

Zäpfchen. Beerenzapfen (IX, X): Kugelig, fleischig, 5–9 mm groß, unreif grün, reif (im 2. oder 3. Jahr) blauschwarz, bereift. Botanisch gesehen sind die Beerenzapfen (Wa-

cholderbeere) Scheinbeeren, da s??? aus 3 verwachsenen Schuppe?? blättchen des ♀ Blütenstandes ge??? bildet werden. Rinde: Grau- ode?? rotbraune, längsrissige, faserig?? Borke. Verbreitung: Europa, wei?? Teile Asiens, Nordafrika, Nord?? amerika. Standort: Von der Eber?? bis ins Gebirge (Alpen bis 1900 m?? in lichten Kiefernwäldern, an son?? nigen Felshängen, in Zwerg?? strauchheiden, auf Magerweide?? Auf trockenen wie wechselfeuch?? ten, kalkarmen wie kalkreiche?? Böden, geringe Nährstoffansprü?? che; Lichtbaumart, Tiefwurzler. Hinweis: Der formenreiche Wa?? cholder tritt in verschiedenen Un?? terarten auf. In Mitteleuropa sin?? 2 davon vertreten. 1. Der oben be?? schriebene Wacholder im engere?? Sinne *(ssp. communis)* 2. Zwerg?? wacholder *(ssp. alpina).* Zwerg?? strauch, meist niederliegend, dich?? stehende, nicht stechende Nadel?? Verbreitet in den Alpen (im Wall?? bis 3500 m).

Nur selten erreicht ein Wacholder solch eine?? stattliche Höhe.

Chilenische Araukarie

Araucaria araucana K. Koch
(Araukariengewächse)

Gestalt: In der Heimat bis 50 m, in Europa bis 25 m hoher Nadelbaum; ♂ Bäume meist viel niedriger als ♀. Stamm gerade, bei alten Bäumen auch im Freistand hoch

Stamm eines jungen Baumes mit den abstehenden Nadeln (l); die Triebe sind dicht dac ziegelartig benadelt (r).

Krone eines jungen Baumes.

hinauf astfrei; Krone anfangs kegelförmig, später kuppel- bis schirmförmig; Äste etagenförmig in Quirlen angeordnet. Nadeln: Eiförmig bis lanzettlich, 2,5–5 cm lang, am Grunde bis 2 cm breit, flach, starr lederartig, stechend spitzig, dunkelgrün. Stehen sehr

Zweig.

dicht, einander überdeckend spiralig um den Zweig; werden bis 15 Jahre alt, dadurch bleiben Stämme junger Bäume und Zweige lange Zeit beblättert. Blüten (VI–VIII): Zweihäusig verteilt; auffallend groß. ♂ walzenförmig, 8–13 cm lang, mit vielen, spiralig gestellten Staubblättern. ♀ in großen, kugeligen, vielschuppigen Blütenständen. Zapfen: Aufrecht;

kugelig bis breit eiförmi 12–20 cm groß; dicht mit zahlre chen, scharfspitzigen Schuppe besetzt; anfangs grün, spät braun. Im 2. oder 3. Jahr nach d Blüte zerfallen die reifen Zapfe am Baum. Samen länglich, 2–4 c

Die großen, aufrechten Zapfen zerfallen zur Reife am Baum.

groß, braun, eßbar (als Pinones b zeichnet). Rinde: Graubraune, g felderte Borke. Verbreitung: Chi Südwestargentinien. In Mittele ropa seltener, auf den Britische Inseln und in Südeuropa häu ger Zierbaum. Standort: Niede schlagsreiche, luftfeuchte Gebirg lagen. Nur in ganz milden Lag winterhart. Bevorzugt nährstoffre che, frische Böden, gedeiht au an der Küste unter Einfluß stark salzhaltiger Winde; empfindli gegen hohe Lufttrockenheit.

Alte Araukarie mit gleichmäßig kuppelförmi Krone.

38

Eibe

Taxus baccata L.
(Eibengewächse)

<u>Gestalt:</u> Kleiner, trägwüchsiger, bis 15 m hoher Baum oder Strauch; Krone vielgestaltig, breit kegelförmig, eiförmig oder kugelig; meist vom Grunde an mehrstämmig. Durch Verwachsungen

Zweig mit reifen Samen.

Die reifen Samen werden von dem leuchten roten Samenmantel umschlossen (l); bei de Zierform *Taxus baccata* 'Lutea' ist der Same mantel hellgelb (r).

mehrerer Stämme bilden sich im Alter oft mächtige, tief unregelmäßig gefurchte Scheinstämme. <u>Triebe:</u> Lange Zeit grün berindet. <u>Nadeln:</u> Stehen an aufrechten Trieben radial, an Seitenzweigen gescheitelt. 1–3,5 cm lang, 2–3 mm breit, flach, weich, mit feiner Stachelspitze; Nadelbasis zu einem Stielchen verschmälert; oberseits glänzend dunkelgrün mit hervorstehender Mittelrippe, unterseits

1–2 mm groß, grün (ähneln no malen Laubknospen). <u>Samen (I) X):</u> Eiförmig, anfangs grün, spät dunkelbraun, hartschalig. Bechei förmig von einem zur Reifeze leuchtend roten, fleischigen S menmantel (Arillus) umschlosse dieser im Durchmesser 8–10 mi <u>Rinde:</u> Dünne, rot- oder graubra ne, dünnschuppig abblätterne Borke (Foto Seite 246). <u>Verbrei</u> <u>tung:</u> Europa, Nordafrika, Kauk sus, Kleinasien. <u>Standort:</u> Von d Ebene bis in mittlere Gebirgslage (Alpen bis 1400 m), hauptsächli im Bereich ozeanischen Klim (wintermild, feucht); meist n vereinzelt im Unterstand vo Laubwäldern, bevorzugt auf fi schen, lockeren, nährstoff- un kalkreichen Böden in Schluc ten und an Steilhängen. Winte und spätfrostempfindlich. Schai baumart, Tiefwurzler. Belieb Park- und Gartenpflanze. <u>Hinweis:</u> Bis auf den roten Same mantel enthalten alle Teile der E be das giftige Alkaloid Taxin. D Eibe ist als wildwachsende Pflan in ihrem Bestand bedroht un steht unter Naturschutz.

♂ Blüten (l); die ♀ Blüten ähneln Knospen (r).

hellgrün. Nadelalter 5–10 Jahre. <u>Blüten (III, IV):</u> Zweihäusig verteilt, einzeln, blattachselständig. ♂ zahlreich an der Zweigunterseite, kugelig, 3–4 mm groß, gelb. ♀ nur

Die Formenvielfalt der in Parks und Gärten kultivierten Eibe ist riesig (oben *Taxus bacca* 'Fastigiata'). Am natürlichen Standort ist die Eibe selten geworden (unten).

Europäische Lärche

Larix decidua Mill.
(Kieferngewächse)

Gestalt: Bis 50 m hoher, sommergrüner Nadelbaum mit raschem Jugendwachstum; Krone anfangs schmal kegelförmig, später oft breit mit abgeflachtem Wipfel. Zweige dünn, mehr oder weniger

Zapfen: die Samenschuppen sind gerade (l) Lärchen bilden Langtriebe und höckrige Kurztriebe, an denen die Nadeln gebüschelt stehen (r).

Ast im Herbst; typisch für die Europäische Lärche sind dünne, herabhängende Zweige.

herabhängend. Triebe: Langtriebe mit gelblicher Rinde. Nadeln: An Langtrieben einzeln, spiralig angeordnet; an den höckerartigen Kurztrieben in Büscheln zu 30–50. 1,5–3 cm lang, flach, weich; hellgrün, Herbstfärbung goldgelb. Blüten (III–V, vor oder mit dem Laubaustrieb): Einhäusig verteilt;

♀ Blütenzäpfchen.

stehen an Kurztrieben; ♂ zweigunterseits gehäuft, 5–10 mm groß, gelb. ♀ in aufrechten, 1–3 cm langen, lebhaft roten Zäpfchen. Zapfen (IX, X): Aufrecht; 3–4 cm lang, eiförmig, braun. Samenschuppen gerade, am Rand nicht nach außen gerollt. Zapfen bleiben nach dem Samenfall oft noc Jahre am Baum. Rinde: Dick graubraune, oft rotbraun gefleckt tief gefurchte, schuppig abblä ternde Borke (Foto 246). Verbre tung: Alpen; kleine getrennte Tei areale in den Karpaten, Sudete und in Polen. Standort: Hauptvo kommen in den Zentralalpen a der Waldgrenze (bis 2400 m, suba piner Lärchen-Zirbenwald) unt kontinentalen Klimabedingunge (strenge Winter; kurze, strahlung reiche Sommer; Lufttrockenhei In den nördlichen Randalpen a Mischbaumart in Fichten-, Ta nen- und Buchenwäldern. Fors lich im Tief- und Hügelland auße halb des natürlichen Areals ang baut. Gedeiht auf Kalk- wie a Urgestein; Nährstoffansprüc gering, genügend frische Böde aber notwendig. Lichtbauma Tiefwurzler. Ähnliche Art: Japan sche Lärche (Seite 44).

Lärchenbestand im Frühjahr (oben) und Herbst (unten).

Japanische Lärche

Larix kaempferi Carr.
(Kieferngewächse)

Gestalt: Bis 45 m hoher, sommergrüner Nadelbaum; anfangs raschwüchsiger als die Europäische Lärche. Krone breit kegelförmig, mit waagerechten, zur Spitze

Ast im Herbst; typisch für die Japanische Lärche sind abstehende Zweige.

hin aufwärts gebogenen Ästen; Zweige mehr oder weniger horizontal ausgebreitet, nicht hängend. Triebe: Langtriebe mit rötlichbrauner Rinde, gelegentlich etwas bereift. Nadeln: An Langtrieben einzeln, spiralig angeordnet; an Kurztrieben in Büscheln zu 40–60. 2–3,5 cm lang, flach, weich; grau-

Zapfen werden meist sehr zahlreich gebildet; hier Vorjahreszapfen zur Blütezeit.

oder bläulichgrün, Herbstfärbung goldgelb. Blüten: Wie Europäische Lärche (Seite 42). Zapfen: Wie Europäische Lärche; aber etwas kleiner; Samenschuppen am Rand nach außen gebogen (ähnlich einem Rosenblütenblatt). Rinde: Frühe Bildung einer grau- bis rotbraunen Schuppenborke (Foto 246). Verbreitung: Zentraljapan. In Mitteleuropa als Zier- und

Aufrechte ♀ Blütenzäpfchen und nach unt[en] gerichtete ♂ Blüten (rechter Bildrand).

Waldbaum eingeführt. Standor[t:] Naturvorkommen beschrän[kt] auf vulkanische Gebirge (130[0] 2900 m) mit regenreichen, lu[ft]feuchten Sommern. Bei uns vor a[l]lem in Küstennähe forstlich ang[e]baut. Nährstoffansprüche gerin[g,] benötigt während der Vegetation[s]zeit hohe Boden- und Luftfeuc[h]tigkeit, da dürregefährdet. Ähn[li]che Art: Europäische Lärche (Se[i]te 42).

Zapfen mit nach außen gebogenen Samenschuppen.

Hinweis: Als Hybridlärche *(Larix eurolepis Henry)* wird der Basta[rd] von Europäischer und Japanisch[er] Lärche bezeichnet. Entstande[n] durch natürliche sowie künstlic[he] Kreuzung; in den meisten Mer[k]malen zwischen den Elternarte[n] stehend, so daß die sichere Unte[r]scheidung von diesen nur schw[er] möglich ist. Forstlich von Intere[s]se, da schnell wachsend.

Japanische Lärche.

Atlaszeder

Cedrus atlantica Manetti
(Kieferngewächse)

Gestalt: In der Heimat bis 50 m, in Mitteleuropa selten über 30 m hoher Nadelbaum; Krone locker, anfangs breit kegelförmig, später unregelmäßig breit; Gipfeltrieb stets

Zweig mit aufrechten, faßförmigen Zapfen.

Verglichen mit der großen, aufrechten ♂ Bl te (l) ist das ♀ Blütenzäpfchen (r) unschei bar. Zedern blühen im Herbst!

aufrecht, Äste spitzwinklig aufsteigend. Nadeln: An Langtrieben einzeln, spiralig angeordnet, an Kurztrieben in Büscheln mit bis zu 3 ringförmig übereinander angeordneten Jahrgängen von jeweils etwa 25–30 Nadeln. 1,5–2,5 (3) cm lang (im Mittel kürzer als bei der Libanonzeder), steif, spitzig; grün,

Trieb (l); Zapfen (r).

bei der beliebten Gartenform 'Glauca' blaugrün bis silbergrau (»Blauzeder«). Blüten (IX, X): Einhäusig verteilt, stehen aufrecht an älteren Kurztrieben. ♂ einzeln, walzenförmig, 3–6 cm lang, gelblich oder mitunter schwach rosa. ♀ in kleinen, etwa 1 cm langen Zäpfchen, hellgrün oder rötlich. In

Mitteleuropa häufig blühend; Bl tezeit wie bei allen Zedern Herbst! Zapfen: Aufrecht; 5–8 c lang, 3,5–4,5 cm breit, faßförm bis annähernd zylindrisch, Spit abgeflacht oder eingedellt; he braun, harzend. Samenreife im oder 3. Jahr; Zapfen zerfallen (w bei allen Zedern) am Baum. Ri de: Feinrissige, graubraune Bor (Foto Seite 247). Verbreitung: lasgebirge (Marokko, Algerien). Mitteleuropa in Parks. Stando Gebirgslagen (1500–2500 m) r warmen, trockenen Sommern u schneereichen Wintern; me nährstoff- und kalkreiche Böd Natürliche Bestände nurmehr a kleinen Flächen. Im mitteleurop schen Klima die unempfindlich Zedernart, jedoch nicht vö winterhart. Verträgt Trockenhe Lichtbaumart. Kultiviert wi meist die blaunadelige 'Glauc Form. Ähnliche Arten: Libano zeder, Himalajazeder (Seite 48).

Die Äste der Atlaszeder sind steil nach ob gerichtet.

Libanonzeder

Cedrus libani A. Rich.
(Kieferngewächse)

Gestalt: Bis 40 m hoher Nadelbaum; Krone anfangs breit kegelförmig, im Alter schirmförmig abgeflacht mit starken, zunächst
schräg nach oben gerichteten, später etagenartig waagerecht ausgebreiteten Ästen. Gipfeltrieb aufrecht oder schräg zur Seite gebogen. Nadeln: An Langtrieben einzeln, spiralig angeordnet, an den
dicht stehenden Kurztrieben in
Büscheln. 1,5–3,5 cm lang, steif,

Libanonzeder: Langtrieb mit büschelig
benadelten Kurztrieben; Oberseite (l),
Unterseite (r).

spitzig; dunkelgrün, gelegentlich
blaugrün ('Glauca'-Form). Blüten:
Wie Atlaszeder. Zapfen: Aufrecht;
7–11 cm lang, 4–6 cm breit; faßförmig, Spitze abgeflacht oder eingedellt; braun. Rinde: Feinrissige,
dunkelgraue Borke (Foto Seite
247). Verbreitung: Libanon, Syri-
en, Türkei. In Mitteleuropa gelegentlich in Parks. Standort: Gebirge, (1000–2100 m), meist auf Kalk.

Zapfen der Libanonzeder; Zedernzapfen
zerfallen am Baum.

In Mitteleuropa in milden Lage
winterhart. Ähnliche Arten: Atla
zeder (Seite 46), Himalajazeder.

Himalajazeder

Cedrus deodara G. Don
(Kieferngewächse)

Gestalt: Bis 60 m hoher Nade
baum; Krone kegelförmig; Gipfe
trieb bogig überhängend, Äs
waagerecht, Zweigspitzen na
unten gebogen. Nadeln: An Lan
trieben einzeln, spiralig angeor
net, an Kurztrieben in Büschel
2,5–5,5 cm lang (länger als bei de
anderen Zedern), dünn, weic
biegsam, spitzig; hellgrün, selte
blau- oder graugrün. Blüten: W
Atlaszeder, blüht in Mitteleuro
selten. Zapfen: Aufrecht; 7–11 c
lang, 5–6 cm breit, faßförmig, Sp
ze abgerundet; anfangs bläuli
bereift, später rotbraun. Rind

Typisch für die Himalajazeder: lange, weich
Nadeln (l) und bogig überhängender Gipfel
trieb (r).

Feinrissige, dunkel graubrau
Borke (Foto Seite 247). Verbre
tung: Westlicher Himalaja. In M
teleuropa gelegentlich in Park
Standort: Gebirge (1400–3000 m
Gedeiht in Mitteleuropa nur
sehr milden Lagen; frostgefährd
ter als Atlas- und Libanonzed
Ähnliche Art: Atlaszeder (S
te 46), Libanonzeder.

Charakteristische Wuchsform der Libanon
zeder (oben) und Himalajazeder (unten).

Waldkiefer

Föhre, Forche
Pinus sylvestris L.
(Kieferngewächse)

Gestalt: Bis 40 m hoher Nadelbaum; Krone anfangs kegelförmig
mit quirlständigen Ästen, später

Rötliche Spiegelrinde im Kronenbereich.

vielgestaltig: bei Bäumen des
Flachlandes Krone abgerundet,
unregelmäßig, grobastig; bei Bäumen höherer Lagen schmal, spitz,
feinastig. Nadeln: Stehen paarweise an Kurztrieben. 3–7 cm lang,

Die Nadeln sind steif, spitz und meist deutlich
gedreht.

steif, zugespitzt; blau- bis graugrün, auch gelb- oder dunkelgrün.
Nadelalter 3–6 Jahre. Blüten (V,
VI): Einhäusig verteilt. ♂ dicht gedrängt am Grunde diesjähriger
Langtriebe; walzenförmig, 5–8
mm lang, gelb. ♀ Blütenzäpfchen
aufrecht, einzeln oder zu 2 (selten
4) endständig, etwa 5 mm lang,
dunkelrot oder violett. Zapfen:
Kurzgestielt; eiförmig, 3–7 cm

Die ♂ Blüten stehen gedrängt an der Basis
der Maitriebe.

lang; graubraun. Schuppensch
mit hellbraunem Nabel, meist o
ne deutlichen Dorn. Samenre
im Herbst des 2. Jahres, Samenf
im folgenden Frühjahr, Zapf
fällt danach als Ganzes ab. Rin
Im oberen Stammbereich fuchsr

Geöffnete Zapfen; die Samen sind ausgefa

feinschuppig (Spiegelrinde); u
terer Stammbereich alter Bäu
mit dicker, grau- oder rotbraun
rauh gefurchter Plattenborke (F
to Seite 247). Verbreitung: Mitt
Nordeuropa, Kleinasien, Sibiri
Standort: Hauptvorkommen
Flachland, im Gebirge bis 2100
Anspruchslos, frosthart, unem
findlich gegen Dürre; besied
von Natur aus in Mitteleuropa v
allem extreme Standorte (troc
ne, nährstoff- und basenarme S
de, Moor- oder Rohböden). D
überhinaus forstwirtschaftli
großflächig angebaut. Licht-
Halbschattbaumart, Tiefwurz
Ähnliche Art: Bergkiefer (Seite 5

Solitäre Waldkiefer (oben); Gruppe von Ju
bäumen (unten).

Bergkiefer

Latsche
Pinus mugo Turra
(Kieferngewächse)

Gestalt: Strauch mit vielen niederliegenden, an der Spitze knieförmig aufgerichteten Stämmen oder bis 25 m hoher Baum mit kegelförmiger Krone. Nadeln: Stehen paarweise an Kurztrieben. 3–6 cm

Die steifen Nadeln stehen paarweise an Kurztrieben (l); ♂ Blüten (r).

lang, derb, steif, meist stumpfspitzig; dunkelgrün. Nadelalter 5–10 Jahre. Benadelung dichter als bei der Waldkiefer. Blüten (V–VII): Wie Waldkiefer, aber ♂ schlanker und länger (1–1,5 cm lang). Zapfen: Bis zu 4 in Quirlen, kurzgestielt bis sitzend; eiförmig, 3–6 cm lang, glänzend braun.

Unterart Hakenkiefer: junger (l) und fast reifer Zapfen (r).

Form der Schuppenschilder variiert (Hinweis); um den Nabel meist ein dunkler Ring. Reife wie Waldkiefer. Rinde: Graubraune bis schwarzgraue, kleinfeldrige Borke. Verbreitung: Gebirge Süd- und Mitteleuropas. Standort: Obere Bergstufe bis in die subalpine Region (Alpen bis 2400 m); ausgedehnte Bestände im Bereich der Waldgrenze (Latschengürtel); im Voralpenland auf Mooren. Besiedelt trockene wie nasse, basische wie saure, flach- wie tiefgründige Böden (Extremstandorte); geringe Nährstoff- und Wärmeansprüche; extrem frost- und windharte Lichtbaumart, meist flach wurzelnd. Ähnliche Art: Waldkiefer (Seite 50).

Hinweis: Aufgrund der Formenvielfalt werden Unterarten unterschieden, deren exakte Bestimmung schwierig ist. 1. Latsche, Legföhre *(ssp. mugo)*. Niederliegender Strauch mit aufsteigenden

Geöffnete Latschenzapfen.

Ästen; Schuppenschilder der Zapfen meist flach, ohne Haken. Spirke, Hakenkiefer *(ssp. uncinata)*. Bis 25 m hoher Baum; Schuppenschilder gewölbt mit deutlichem Haken. 3. Moorkiefer *(ssp. rotundata)*. Strauch oder bis 10 m hoher Baum; Schuppenschilder gewölbt mit undeutlichem Haken. An Gebirgssteilhängen schützt die Bergkiefer vor Erosion und Lawinen; sie steht unter Naturschutz.

Latsche mit den kerzenförmigen Jungtrieben (oben); Moorkiefer (unten).

Schwarzkiefer

Pinus nigra Arnold
(Kieferngewächse)

<u>Gestalt:</u> Bis 40 m hoher, jung raschwüchsiger Nadelbaum; Krone anfangs kegelförmig, quirlständig beastet, später mit starken, waagerecht abstehenden Ästen. <u>Knospen:</u> 1–2,5 cm lang, spitzig, harzend. <u>Nadeln:</u> Stehen paarweise an Kurztrieben. 8–16 cm lang,

♂ Blüten am Grunde des neuen, noch wen
gestreckten Triebes.

Zweig mit den langen Nadeln.

steif, stechend spitzig; dunkelgrün. Nadelalter 4–7 Jahre. <u>Blüten</u> (V, VI): Wie bei der Waldkiefer (Seite 50), aber ♂ größer (2–2,7 cm lang), Langtriebe zur Blütezeit meist noch sehr kurz. ♀ Zäpfchen 0,8 bis 1,2 cm lang. <u>Zapfen:</u> Mehr oder weniger waagerecht abstehend, sitzend oder kurzgestielt, eiförmig, 4–9 cm lang; ockerbraun,

Spitzkegelige, harzende Knospe.

schwach glänzend. Schuppenschild oft mit kurzbedorntem Nabel. Samenreife im Herbst des 2. Jahres. Vor dem Samenfall im folgenden Frühjahr spreizen die Zapfenschuppen weit auseinan-

der; danach fallen die Zapfen a Ganzes ab. <u>Rinde:</u> Graubraune b grauschwarze, im Alter rauh g furchte Schuppenborke (Foto S te 247). <u>Verbreitung:</u> Südeurop Balkan, Kleinasien. In Mitteleu pa häufig in Parks und Gärte verbreitet auch forstlich kultivie <u>Standort:</u> Meist auf flach- bis m telgründigen, kalkreichen Böde

Zapfen nach dem Samenausfall.

in sommerwarmer, nicht zu trock ner Klimalage; geringe Nährsto ansprüche, dürreresistent, winte und spätfrostunempfindlich; rel tiv wenig gefährdet durch Luftve unreinigungen. Halblichtbauma Tiefwurzler. <u>Ähnliche Arten:</u> Pin (Seite 56), Strandkiefer (Seite 58). <u>Hinweis:</u> Das Verbreitungsgebi der Schwarzkiefer ist in Teilarea zersplittert; deswegen ist die A sehr formenreich. Sie wird in ve schiedene Unterarten eingetei deren sichere Unterscheidu schwierig ist. In Mitteleuropa b deutsam, da genügend frostha ist nur die Österreichisc Schwarzkiefer *(ssp. nigra)*.

Schwarzkiefern in einem Park

54

Pinie

Pinus pinea L.
(Kieferngewächse)

Gestalt: Bis 25 m hoher Nadelbaum mit dichter, breiter, bei Alt-
bäumen schirmförmig abgeflach-
ter Krone. Äste meist spitzwinklig

Wipfel junger Pinien.

aufsteigend. **Knospen:** 6–14 mm
lang, harzlos; Schuppen mit weißen Fransen, die Spitzen zurück-
gerollt. **Nadeln:** Stehen zu 2 (selten
3) an Kurztrieben. 10–18 cm lang,
steif, stechend spitzig; hell- bis
dunkelgrün. Nadelalter 2–4 Jahre.
Blüten (V, VI): Einhäusig verteilt.
♂ gedrängt am Grunde diesjähriger Langtriebe, walzenförmig,

Die ♂ Blüten werden anstelle benadelter
Kurztriebe gebildet; nach der Blüte bleibt der
Trieb im unteren Teil kahl (l). Zapfen im ersten
Jahr (rechtes Bild oben) und im zweiten Jahr
(rechtes Bild unten).

1–1,5 cm lang, gelb. ♀ Blütenzäpfchen ebenso lang, endständig, aufrecht, einzeln oder bis zu 3. **Zapfen:** Fast sitzend; eiförmig bis breit
oval, 10–15 cm lang, bis 10 cm

breit; glänzend braun. Schuppe
schild stark gewölbt, mit große
hellgrauem, wenig hervortrete
dem und nicht bedorntem Nabe

Zapfen kurz vor der Reife.

Samen dunkelbraun, bis 2 c
groß, eßbar (»Piniennüsse«); Re
fe erst im Herbst und Winter d
3. Jahres nach der Blüte. Die unte
sten Schuppen des abfallende
Zapfens bleiben am Zweig hafte
Rinde: Grau- bis rotbraune, du
kel gefurchte, großplattige Schu
penborke (Foto Seite 247). **Ve
breitung:** Südeuropa, Kleinasie
Standort: Baum der immergrüne
Hartlaubvegetation mit milde
Wintern und trockenen, warme
Sommern; auch auf nährstoffa
men Böden, dürreunempfindlic
Seit alters her im gesamten Mitte
meerraum, stellenweise bis an de
Südalpenrand (Oberitalien) er
lang von Straßen, an Plätzen,
Parks und Gärten häufig kultivie
(mediterraner Charakterbaum
Auf den wintermilden Britische
Inseln aushaltend, in Mitteleuro
nicht winterhart. **Ähnliche Arte**
Strandkiefer (Seite 58), Schwar
kiefer (Seite 54).

Abendstimmung in einem Pinienhain.

Strandkiefer

Seestrandkiefer
Pinus pinaster Soland.
(Kieferngewächse)

Gestalt: Bis 30 m hoher Nadelbaum; Krone im Alter breit, abgeflacht. Knospen: Groß (1,5–
3,2 cm), harzlos; Schuppen mit
weißen Fransen, die Spitzen zu-
rückgerollt. Nadeln: Stehen paarweise (selten zu dritt) an Kurztrieben. Sehr lang (13–23 cm), steif,

Die Krone der Strandkiefer ist meist voll mit
alten Zapfen beladen.

stechend spitzig; gelb- bis dunkelgrün. Nadelalter bis 4 Jahre. Zapfen: Bis zu 5 in Quirlen, kurzgestielt; eiförmig, sehr groß
(10–18 cm lang); glänzend braun.
Schuppenschild mit stumpfspitzig
bedorntem Nabel. Nach der Reife

Strandkiefer: blühender Zweig (l); Zapfen mit
bedornten Schuppenschildern (r).

bleiben die Zapfen oft noch jahrelang am Baum. Rinde: Dicke,
grau- oder rotbraune, tief gefurchte Schuppenborke (Foto Seite 247). Verbreitung: Westliches
Mittelmeergebiet; in ganz Südeuropa kultiviert (vielfach zur
Zwecke der Harznutzung). Standort: Anspruchslos, dürreunempf
findlich. In Mitteleuropa kaum
winterhart. Ähnliche Arten
Schwarzkiefer (Seite 54), Pini
(Seite 56).

Aleppokiefer

Seekiefer
Pinus halepensis Mill.
(Kieferngewächse)

Gestalt: Bis 20 m hoher, krumm
stämmiger Nadelbaum; Krone ir
Alter unregelmäßig, kugelig ode
schirmförmig abgeflacht. Nadeln
Stehen paarweise an Kurztriebe
6–10 cm lang, dünn, biegsam, zu
gespitzt; hell- oder gelbgrün. N.
delalter bis 3 Jahre. Zapfen: Bis z
3 in Quirlen an kurzen, kräftige
Stielen; eiförmig, 6–10 cm lang
rotbraun, schwach glänzen

Aleppokiefer: Zweig mit Zapfen.

Schuppenschild mit unbedornte
Nabel. Nach der Reife bleiben d
Zapfen oft noch jahrelang a
Baum. Rinde: Zunächst auffaller
hellgrau, glatt; alte Bäume m
grau- bis rotbrauner, gefurcht
Schuppenborke (Foto Seite 247
Verbreitung: Mittelmeergebie
vorwiegend in Küstennähe. Standort: Anspruchslos, dürreunempf
findlich. In Mitteleuropa nich
winterhart.

Bestand mit unterschiedlich alten
Strandkiefern.

Gelbkiefer

Pinus ponderosa Dougl.
(Kieferngewächse)

Gestalt: In der Heimat bis 70 m, in Mitteleuropa selten über 20 m hoher Nadelbaum; Zweige oft hängend. Triebe: Im ersten Jahr

Gelbkiefern haben sehr lange Nadeln.

braungrün, glänzend. Knospen: Harzend. Nadeln: Stehen zu dritt an Kurztrieben. Auffallend lang (12–26 cm), steif, zugespitzt, dunkel- oder hellgrün. Zapfen: Länglich bis eiförmig, 7–15 cm lang, hellbraun. Schuppenschild mit geradem, oder nach unten gebogenem Dorn. Die untersten Schuppen des abfallenden Zapfens bleiben am Zweig haften. Rinde: Gefurchte, grau- bis rotbraune, oft

Bei der Gelbkiefer stehen die Zapfen meist zu mehreren beieinander.

fast schwarze Plattenborke (Foto Seite 247). Verbreitung: Westliches Nordamerika. In Mitteleuropa in Parks. Standort: Gebirge (500–2600 m), anspruchslos, unempfindlich gegen Trockenheit, winterhart. Ähnliche Art: Jeffrey-Kiefer.

Jeffrey-Kiefer

Pinus jeffreyi Grev. et Balf.
(Kieferngewächse)

Gestalt: In der Heimat bis 60 m, Mitteleuropa bis 30 m hoher N delbaum. Triebe: Im ersten Ja bereift. Knospen: Nicht harzen Nadeln: Stehen zu dritt an Kur trieben. Auffallend lang (12 22 cm), steif, zugespitzt, blau- od graugrün. Zapfen: Eiförmig, se groß (bis 25 cm), hellbraun. Schu penschild mit spitzem, nach unte

Zweig der Jeffrey-Kiefer mit langen Nadeln und großen, hier noch geschlossenen Zapfe

gebogenem Dorn. Rinde: G furchte, rotbraune bis fast schwa ze Plattenborke. Verbreitung: Sü westliches Nordamerika. In Mi teleuropa in Parks. Standort: G birgslagen (1500–3000 m) m warmtrockenen Sommern und ka ten Wintern; anspruchslos, u empfindlich gegen Trockenhe winterhart. Ähnliche Art: Gelb kiefer.

Gelbkiefer.

Zirbelkiefer

Zirbe, Arve
Pinus cembra L.
(Kieferngewächse)

Heranwachsende Zirbenzapfen sind auffallend violett gefärbt; reif sind sie zimtbraun.

Gestalt: Bis 25 m hoher Nadelbaum; Krone tief herabreichend, dicht, anfangs schmal kegelförmig, später abgerundet, breit; bei Bäumen am natürlichen Standort meist bizarr, in Kultur hingegen ebenmäßig bleibend. Triebe: Filzig rostrot behaart. Nadeln: Stehen zu je 5 pinselartig gebüschelt an Kurztrieben. 5–8 cm lang, ziemlich

Die Nadeln stehen zu je 5 gebüschelt an Kurztrieben.

steif; dunkelgrün, die Innenseiten mit blauweißen Längsstreifen. Nadelalter 3–6 Jahre; dichte Benadelung. Blüten (VI, VII): Einhäusig verteilt. ♂ gehäuft am Grunde junger Langtriebe; ei- bis walzenförmig, 1–2 cm lang, gelb oder rot.

♀ Zäpfchen kurz nach der Blüte.

♀ Blütenzäpfchen aufrecht, einzeln oder bis zu 5 an den Spitzen diesjähriger Langtriebe, violett. Zapfen: Aufrecht; gedrungen eiförmig, 5–8 cm lang; unreif violett, bereift, reif braun. Samenschup-

pen lederartig, nicht verholzende Schuppenschild mit abstehende Nabel. Die Zapfen fallen ungeöfnet mit den Samen im Frühja des 3. Jahres ab. Samen gro (1–1,3 cm), mattbraun, ohne Flgel, hartschalig, eßbar (»Zirbe nüsse«). Rinde: Graubraune, risge Schuppenborke. Verbreitun Alpen, Karpaten; eine Untera *(ssp. sibirica)* in Nordrußland ur Westsibirien. Standort: Hauptvo kommen in den Zentralalpe (1700–2400 m, maximal b 2800 m; die Waldgrenze bilden bei kontinental getöntem Klin (strenge Winter; kurze, aber stra lungsreiche Sommer; Lufttrocke heit); frische Böden, Kalk- wie U gestein. Extrem frosthart, gerin Wärmeansprüche (etwa 70 Tag Vegetationszeit genügen). Ertra in der Jugend geringe Bescha tung.

Freistehende Zirben (oben);
Zirbenbestand (unten).

Weymouthskiefer

Strobe
Pinus strobus L.
(Kieferngewächse)

<u>Gestalt:</u> In der Heimat bis 60 m, in Mitteleuropa bis 25 m hoher, raschwüchsiger Nadelbaum; Krone anfangs kegelförmig, später abgeflacht, unregelmäßig, breit; Äste waagerecht ausgebreitet, zur Spitze hin meist bogig aufsteigend. <u>Triebe:</u> Dünn, anfangs meist fein

Zweig mit unreifen, grünen Zapfen.

behaart, später kahl. <u>Nadeln:</u> Stehen zu je 5 pinselartig gebüschelt an Kurztrieben. 6–12 cm lang, weich, dünn, hell- oder blaugrün, die Innenseiten mit weißen Längsstreifen. Nadelalter 2–3 Jahre. <u>Blüten</u> (V, VI): Einhäusig verteilt. ♂ am Grunde diesjähriger Langtriebe; walzenförmig, 5–8 mm groß, gelb. ♀ Blütenzäpfchen schlank, aufrecht, endständig, deutlich gestielt, bis 1,5 cm groß, grünlich. <u>Zapfen:</u> Hängend, bis 2 cm lang gestielt; schlank, walzenförmig,

Die fünfnadeligen Kurztriebe stehen an dünnen Langtrieben (l); Zapfen nach der Samenreife (r).

leicht gekrümmt, 10–20 cm lan[g] hellbraun. Zapfenschuppen lede[r] artig, harzend, Schuppenschi[ld] flach. Reife im Herbst des 2. Jah[r]es, die leeren Zapfen erst einig[e]

Die deutlich gestielten Zapfen ein Jahr nach der Blüte.

Zeit nach dem Samenfall abfa[l]lend. <u>Rinde:</u> Anfangs glatt, o[ft] glänzend, graugrün; später dunkl[er] graubraune, rissige Schuppenbo[r]ke (Foto Seite 247). <u>Verbreitung:</u> Östliches Nordamerika. In Mitte[l]europa beliebter Zierbaum, ve[r]breitet forstlich kultiviert. <u>Stand</u><u>ort:</u> Niederungen und untere Ge[]birgslagen mit kühlfeuchtem Kl[i]ma. Bevorzugt auf tiefgründige[n] frischen Böden; geringe Näh[r]stoffansprüche, frostunempfin[d]lich; Halblichtbaumart. <u>Ähnlich[e]</u> <u>Art:</u> Rumelische Kiefer (Seite 66). <u>Hinweis:</u> Die Weymouthskiefe[r] leidet stark unter einer praktisc[h] kaum bekämpfbaren Pilzkrank[]heit, dem Blasenrost *(Cronartiu[m ribicola)*. Symptome sind mit Har[z]austritt verbundene Anschwellu[n]gen an Stamm und Zweigen.

Waagerechte, an der Spitze bogig aufgerichtete Äste prägen den Habitus der Weymouthskiefer.

Tränenkiefer

Himalajakiefer
Pinus wallichiana Jacks.
(Kieferngewächse)

<u>Gestalt:</u> In der Heimat bis 50 m, in Mitteleuropa bis 25 m hoher Nadelbaum mit lockerer, breit kegelförmiger Krone und waagerecht abstehenden Ästen. <u>Triebe:</u> Kahl,

Tränenkiefer: Zweig mit großen Zapfen.

leicht bereift. <u>Nadeln:</u> Stehen zu je 5 an Kurztrieben. Auffallend lang (12–20 cm), weich, dünn, überhängend; matt- oder blaugrün, die In-

Die langen, schlaffen Nadeln der Tränenkiefer hängen bogenförmig nach unten.

nenseiten mit weißen Längsstreifen. <u>Zapfen:</u> Bis 5 cm langgestielt; 15–26 cm lang, hellbraun, stark harzend (der Name Tränenkiefer wegen der Harztropfen). <u>Rinde:</u> Graubraune bis schwarzgraue, rissige Schuppenborke (Foto Seite 247). <u>Verbreitung:</u> Himalaja. In Mitteleuropa Zierbaum. <u>Standort:</u> Gebirge (1500–4000 m), bevorzugt auf tiefergründigen, frischen Böden; winterhart. Lichtbedürftig, benötigt Freistand.

Rumelische Kiefer

Pinus peuce Griseb.
(Kieferngewächse)

<u>Gestalt:</u> Bis 25 m hoher Nadelbaum mit schmal kegelförmiger Krone. <u>Triebe:</u> Dick, stets kahl. <u>Nadeln:</u> Stehen zu je 5 an kleinen Kurztrieben. 7–10 cm lang, biegsam, relativ steif, grün, die Innenseiten mit weißen Längsstreifen.

Zweig der Rumelischen Kiefer.

<u>Zapfen:</u> Wie Weymouthskiefer, aber kleiner (8–15 cm lang), nur bis etwa 1 cm langgestielt. <u>Rinde:</u> Graubraune bis dunkelbraune, rissige Schuppenborke. <u>Verbreitung:</u> Bulgarien, Albanien, Südjugoslawien, Nordgriechenland. In Mitteleuropa in Parks. <u>Standort:</u> Ge-

Rumelische Kiefer: fünfnadelige Kurztriebe an kräftigen, stets kahlen Langtrieben (l); stark harzende Zapfen (r).

birge (800–2300 m), meist an Schatthängen auf Silikatböden, seltener auf Kalk; anspruchslos winterhart. Halbschattbaumart. <u>Ähnliche Art:</u> Weymouthskiefer (Seite 64).

Tränenkiefer. D

Echte Zypresse

Mittelmeerzypresse
Cupressus sempervirens L.
(Zypressengewächse)

Gestalt: Bis 30 m hoher Nadelbaum; Krone entweder schmal
säulenformig, spitz, mit senkrecht
aufsteigenden Ästen oder breit,
mit mehr oder weniger waagerecht
ausgebreiteten Ästen; stets tief
beastet. Triebe: Stehen allseitig
vom Zweig ab; rund oder undeutlich vierkantig (nie flach). Blätter:
Gegenständige, dicht gestellte,
kleine, sich überdeckende, eng

Jüngeres (l) und etwas älteres Zweiglein (r).
Die kleinen Schuppenblättchen sind den
Trieben dicht dachziegelartig angepaßt.

dem Trieb angedrückte Schuppenblätter. Stumpf eiförmig, dunkelgrün. Blüten (III, IV): Einhäusig
verteilt. ♂ endständig, keulenförmig, 3–6 mm lang, anfangs gelbgrün, später bräunlich. ♀ in unscheinbaren, kleinen (4–6 mm),

Kugelige, noch geschlossene Zapfen.

kugeligen Blütenständen, grün.
Zapfen (III–V): Kugelig, 2–4 cm
groß, 6–12 schildförmig gewölbte

Schuppen; in ihrer Mitte ein meh
oder weniger spitzer Höcker; gra
braun, glänzend; Samenreife i
2. Jahr, die geöffneten Zapfen ble
ben noch einige Zeit am Baur
Rinde: Dünne, graubraune, fei
längsrissige, abfasernde Bork
Verbreitung: Östliches Mittelmee
gebiet, Nordpersien, Kleinasie
im gesamten mediterranen Raur
stellenweise bis an den Südalpe
rand eingebürgert. In Mitteleur
pa selten kultiviert. Standort: Vo
Natur aus in nadelbaumreiche
Gebirgswäldern, bevorzugt auf fr
schen, mäßig nährstoffreichen Bö
den in freier, sonniger Lage; u
empfindlich gegen Sommerdürr
nur in sehr milden Lagen winte
hart.
Hinweis: Die Echte Zypresse tr
in 2 verschiedenen Wuchsforme
auf. Der ursprüngliche Typ ist d
breitkronige Form *(var. horizont
lis)*, die im ostmediterranen Rau
wildwachsend vorkommt, aber nu
selten kultiviert wird. Die Säule
form *(var. sempervirens)*, eine de
Charakterpflanzen des Mitte
meerraums, wird seit dem Alte
tum an Straßen, in Parks, Gärte
und auf Friedhöfen angepflanzt.

Sowohl in der Ebene (oben) als auch im Gebirge (unten) sind Zypressen in ihrer unver-
kennbaren Wuchsform prägend für die Landschaft des Mittelmeergebiets.

Lawsons Scheinzypresse

Chamaecyparis lawsoniana Parl.
(Zypressengewächse)

Gestalt: In der Heimat bis 65 m, in Mitteleuropa bis 30 m hoher Nadelbaum; Krone schmal kegelförmig, Gipfeltrieb und Zweigspitzen überhängend. Triebe: Wedelartig in waagerechter Ebene verzweigt;

Blühender Zweig.

flach. Blätter: Gegenständige Schuppenblätter; eiförmig spitz, die größeren Kantenblätter mit abstehender Spitze, die kleineren Flächenblätter mit länglichen Öldrüsen (im Gegenlicht sichtbar); trieboberseits matt- bis dunkelgrün, unterseits heller mit verschwommen weißrandigen Blatträndern. Blüten (IV): Einhäusig verteilt; bereits im Herbst angelegt; endständig. ♂ keulenförmig, 4–6 mm groß, zur Blütezeit rot. ♀ in ebenso großen, unscheinbaren, kugeligen Blütenständen, bläulich. Zapfen (IX, X): Kugelig,

Die keulenförmigen ♂ Blüten im Winter vor der Blüte (l); zur Blütezeit sind sie auffallend kaminrot (r).

7–10 mm groß, braun, verholz mit 8 schildförmigen, in der Mit kurzbedornten Schuppen; Rind Anfangs graubraun, glatt; Bor rot- oder silberbraun, längsriss schuppig (Foto Seite 247). Verbre tung: Entlang der nordamerikar schen Pazifikküste. In Mitteleu pa häufig als Zierbaum. Stando Küstennahe, luftfeuchte Mittelg birge (bis 1500 m). Etwas dürreg fährdet, meidet deshalb flachgrü dige Böden, ansonsten stando tolerant; nahezu völlig winterha te, flachwurzelnde Schattbauma Ähnliche Art: Nootka-Scheinz presse (Seite 72).

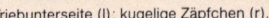

Triebunterseite (l); kugelige Zäpfchen (r).

Hinweis: 1. Alle Scheinzypresse Arten sind giftig. 2. Scheinzypre sen *(Chamaecyparis)* sind Leber bäumen *(Thuja)* sehr ähnlich. E kennungsmerkmale für Schei zypressen sind bogig überhänge de Gipfeltriebe und kugelige Za fen. Lebensbäume haben aufrec te Gipfeltriebe und länglich eifö mige Zapfen. 3. Von der Lawso Scheinzypresse gibt es viele Zie formen; gärtnerisch beliebt si vor allem 'Glauca'-Varianten.

Kleine Gruppe von Lawsons Scheinzypressen.

Nootka-Schein-zypresse

Chamaecyparis nootkatensis Spach
(Zypressengewächse)

<u>Gestalt</u>: Bis 35 m hoher Nadel-baum, Krone kegelförmig; Gipfel-trieb wie Zweigspitzen überhän-gend. <u>Triebe</u>: Undeutlich vierkan-tig. <u>Blätter</u>: Gegenständige, scharf zugespitzte Schuppenblätter; auf beiden Triebseiten blau- bis dun-kelgrün, unterseits ohne weiße

Triebunterseite der Erbsenfrüchtigen Scheinzypresse.

Nootka-Scheinzypresse: ♂ Blüten (l); Zweig mit ♂ Blüten und reifender Zapfen (r).

Zeichnung. <u>Zapfen</u> (IX, X): Kuge-lig, 1 cm breit, 4 oder 6 Schuppen mit kräftigem Dorn; graubraun; Reife meist im 2. Jahr. <u>Rinde</u>: Foto Seite 247. <u>Verbreitung</u>: Entlang der nordamerikanischen Pazifikküste. In Mitteleuropa winterharter Zier-baum. <u>Ähnliche Art</u>: Lawsons Scheinzypresse (Seite 70). <u>(Hin-weis</u>: Siehe Hinweis 1. und 2. auf Seite 70.

Erbsenfrüchtige Scheinzypresse

Chamaecyparis pisifera Endl.
(Zypressengewächse)

<u>Gestalt</u>: In Mitteleuropa bis 20 m hoher Nadelbaum. <u>Blätter</u>: Ge-genständige Schuppenblätter mit feiner, scharfer Spitze; triebober-seits glänzend dunkelgrün, unter-seits mit weißen Flecken. <u>Zapfen</u> (X): Kugelig, erbsengroß (Name!). <u>Verbreitung</u>: Japan. In Mitteleuro-pa winterharter Zierbaum.

<u>Hinweis</u>: Bei den vielen Gartenva-rietäten unterscheidet man di Formen 'Squarrosa' (5–7 mm lan-ge, blau- bis graugrüne Nadeln 'Plumosa' (pfriemförmige Blätte und 'Filifera' (hängende Triebe schuppen- bis pfriemförmige Blä-ter). Siehe auch Hinweis 1. und 2 auf Seite 70.

Kalifornische Flußzeder

Calocedrus decurrens Florin
(Zypressengewächse)

<u>Gestalt</u>: Bis 45 m hoher Nade baum. <u>Blätter</u>: Je 4 gleich lang Schuppenblätter in Scheinquirle dadurch Triebe wie gegliedere

Kalifornische Flußzeder: Triebe (l); Zapfen (r

<u>Zapfen</u> (IX): Eiförmig, 2–2,5 c lang, rotbraun; 6 oben dornspitzi ge Schuppen, das oberste Paar z einer Platte verwachsen. <u>Verbre-tung</u>: Nordamerika. In Mitteleuro pa winterharter Zierbaum.

Nootka-Scheinzypresse (links oben) Erbsenfrüchtige Scheinzypresse (rechts oben) Kalifornische Flußzeder (unten).

Abendländischer Lebensbaum

Thuja occidentalis L.
(Zypressengewächse)

Gestalt: Bis 20 m hoher, oft mehrstämmiger Nadelbaum; Krone kegelförmig, Gipfeltrieb aufrecht. Triebe: Wedelartig in waagerechter Ebene verzweigt, flach. Blätter: Gegenständige, zugespitzte Schuppenblätter; vor allem an Haupttrieben mit kugeligen Öldrüsen;

Abendländischer Lebensbaum: Farbunterschied zwischen der Trieboberseite (l) und der Triebunterseite (r).

trieboberseits dunkelgrün, unterseits hellgrün, ohne weiße Zeichnung; im Winter braungrün. Zerrieben aromatisch riechend. Blüten: Wie Riesenlebensbaum (Seite 76). Zapfen (IX, X): Länglich eiförmig, 8–12 mm lang, gestielt; 8 oder 10 lederige Schuppen, braun,

Abendländischer Lebensbaum: Die Schuppen reifer Zapfen klaffen weit auseinander.

spreizend. Rinde: Rot- bis graubraune, längsstreifig abfasernde, dünne, weiche Borke (Foto Seite 247). Verbreitung: Östliches Nordamerika. In Mitteleuropa in Parks, Hecken, auf Friedhöf[en]. Standort: Kühl-feuchte Lag[en] meist kalkreiche, vernäßte Böd[en] Winterharte, bei ausreichen[der] Feuchtigkeit standorttolera[nte] Schattbaumart. Ähnliche A[rt] Morgenländischer Lebensbaum. Hinweis: Giftige Pflanze! Sie[he] auch Hinweis 2 Seite 70.

Morgenländischer Lebensbaum

Thuja orientalis L.
(Zypressengewächse)

Gestalt: Kleiner (bis 12 m), [als] mehrstämmiger Nadelbaum od[er] Strauch; Krone kegelförmig od[er] abgerundet, Äste aufsteige[nd]. Triebe: Wedelartig in vorwiege[nd] senkrechter Ebene verzweigt. Bl[ät]ter: Wie Abendländischer Leben[s]baum, aber Öldrüsen kommaf[ör]mig, weniger deutlich ausgebild[et]

Morgenländischer Lebensbaum: junger Ba[um] mit in vertikaler Ebene angeordneten Zweig[en] (l); Zweig (r).

auf beiden Triebseiten annäher[nd] gleichfarben grün. Zerrieb[en] schwach harzig riechend. Zapf[en] (X, XI): Eiförmig kugelig, 1–2 c[m] lang; reif braun; 6 an der Spit[ze] hakenförmig gesporne Schuppe[n] zur Reife holzig, weit spreizer[d]. Verbreitung: Ostasien. In Mitt[el]europa nicht überall winterhar[tes] Ziergehölz. Hinweis: Giftige Pflanze! Sie[he] auch Hinweis 2 auf Seite 70.

Abendländischer Lebensbaum

Riesenlebensbaum

Thuja plicata Donn
(Zypressengewächse)

<u>Gestalt:</u> In der Heimat bis 60 m, in Mitteleuropa bis 30 m hoher Nadelbaum; Krone kegelförmig, Gipfeltrieb aufrecht. <u>Triebe:</u> Wedelartig in waagerechter Ebene

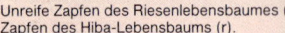

Riesenlebensbaum: Zweig mit den waagerecht ausgebreiteten, wedelartigen Trieben.

verzweigt, flach. <u>Blätter:</u> Gegenständige Schuppenblätter; an stärkeren Trieben lang zugespitzt, mit Öldrüsen, an feinen Zweiglein kurz zugespitzt, Öldrüsen undeutlich oder fehlend; trieboberseits glänzend dunkelgrün, unterseits

ne, weiche Borke (Foto Seite 247
<u>Verbreitung:</u> Pazifisches Nor amerika. In Mitteleuropa Par und Gartenbaum. <u>Standort:</u> Küh feuchte Lagen, häufig an Fließg wässern. Frische bis feuchte B den, dürregefährdet. Ansonste standorttolerant; weitgehend wi terharte, flachwurzelnde Scha baumart.
<u>Hinweis:</u> Giftige Pflanze! Sieh auch Hinweis 2 auf Seite 70.

Hiba-Lebensbaum

Thujopsis dolabrata Sieb. et Zucc
(Zypressengewächse)

Stammt aus Japan; in Mitteleur pa kleiner Baum oder Strauch winterhart. Von den ähnliche Thuja-Arten unterschieden durc

Riesenlebensbaum: glänzend grüne Trieboberseite (l); graugrüne Triebunterseite (r).

grau. Zerrieben aromatisch riechend. <u>Blüten</u> (III–V): Einhäusig verteilt; bereits im Herbst angelegt; endständig. ♂ kugelig, 1–2 mm groß, gelbbraun. ♀ in unscheinbaren, etwa 2 mm großen Blütenständen. <u>Zapfen</u> (VIII, IX): Länglich eiförmig, 1–1,5 cm lang; 10 oder 12 ledrige Schuppen, braun, spreizend. <u>Rinde:</u> Rotbraune, längsstreifig abfasernde, dün-

Triebunterseite des Hiba-Lebensbaumes m kalkweißen Flecken.

breitere, ledrigharte Schuppe blätter; trieboberseits glänzen grün, unterseits mit auffallen hellweißen Flecken, scharf grü umrandet; Zapfen kugelig; Bork rotbraun (Foto Seite 247).

Riesenlebensbaum.

Walnußbaum

Juglans regia L.
(Walnußbaumgewächse)

Gestalt: Bis 25 m hoher Laubbaum, Stamm mit breiter, starkästiger, lockerer Krone. Triebe: Kahl, Mark quergefächert (Triebe längs schneiden!) Blätter: Wechselständige, unpaarige, 20–45 cm lange Fiederblätter mit 5–9 (meist 7) elliptischen Blättchen; diese 6–15 cm lang, ganzrandig, kahl,

Zweig mit jungen Früchten; die Blätter sind nach dem Austrieb oft kurze Zeit schwach rötlich.

das Endblättchen gestielt und größer als die seitlichen; zerrieben aromatisch riechend; später Laubaustrieb. Blüten (V; kurz vor oder mit dem Laubaustrieb): Einhäusig verteilt. ♂ in vielblütigen, dickwalzigen Kätzchen; diese an den Enden vorjähriger Triebe, 6–13 cm

♂ Blütenkätzchen (l); ♀ Blüten mit den großen, gekrümmten Narben (r).

lang, gelbgrün. ♀ zu 1–5 in ährigen Blütenständen an diesjährigen Trieben; mit je 2 großen, gekrümmten, roten oder weißlichen

Narben. Früchte (IX, X): Einsame, kugelige bis ovale Steinfrüchte 4–5 cm groß; Fruchtschale gla grün, reif braun, aufplatzer Steinkern (Nuß) verholzt, ha

Früchte.

hellbraun, seicht gefurcht, kurz z gespitzt, enthält den eßbaren S men. Rinde: Tief rissige, dunk graue Borke (Foto Seite 248). V breitung: Ursprüngliche Hein Südosteuropa, Südwest- und M telasien. Im südlichen und wes chen Mitteleuropa intensiv ku viert, stellenweise verwilde Standort: Von der Ebene bis mittlere Berglagen (selten üt 800 m) in milder Klimalage (vor lem in Weinbaugebieten); verw dert in edellaubbaumreich Misch-, vor allem Auwälde (Rhein, Donau). Bevorzugt a tiefgründigen, frischen, nährsto und kalkreichen Böden; geg Winterkälte und Spätfröste en findliche, tiefwurzelnde Lic baumart.

Walnußbäume entfalten ihr Laub erst, wen andere Bäume bereits voll beblättert sind (oben); Walnußbaum im Sommer (unten).

78

Schwarznußbaum

Juglans nigra L.
(Walnußbaumgewächse)

Gestalt: Bis 50 m hoher Laubbaum. Triebe: Kurzbehaart, Mark
quergefächert. Blätter: Große,

Zweig des Schwarznußbaums.

25–60 cm lange, unpaarige Fiederblätter mit 11–23 schmal elliptischen, spitzen Blättchen; diese

Fiederblatt des Schwarznußbaums.

5–12 cm lang, fein gesägt, das Endblättchen kleiner als die mittleren;
Blattstiel behaart. Früchte (IX,
X): Kugelige Steinfrüchte, 4–5 cm
groß; Fruchtschale aromatisch

Schwarznußbaum: Früchte.

duftend, dick, rauh, grün, ni
aufplatzend. Die schwarze, k
chenharte, grob gefurchte N
enthält den eßbaren Samen. R
de: Dunkelbraune, tieffurch
Borke (Foto Seite 248). Verb
tung: Östliches Nordamerika.
Mitteleuropa in Parks. Stand
Tiefgründige, nährstoffreiche N
derungsböden. Winterharte, a
spät- und frühfrostgefährd
Lichtbaumart.

Schuppenrinden-Hickory

Carya ovata K. Koch
(Walnußbaumgewächse)

Gestalt: Bis 35 m hoher La
baum. Triebe: Mark ungefäch
Blätter: Bis 35 cm lange, unpaar
Fiederblätter mit 5 elliptisc
Blättchen; diese bis 17 cm lang,
vorderen drei deutlich größer
das untere Paar; am Rand fein
sägt, bewimpert. Blüten: ♂ K
chen zu dritt an einem Stiel. Fru
(IX): Kugelige, 4–6 cm gr
Steinfrüchte; Fruchthülle mi
Furchen, 4klappig aufplatze
Nuß dünnschalig, kantig, we

Schuppenrinden-Hickory: Fiederblatt (l);
Früchte mit längs gefurchter Schale (r).

Samen süß. Rinde: Borke blä
mit schindelartigen Längsstre
ab. Verbreitung: Östliches N
amerika. In Mitteleuropa in Pa
Standort: Nährstoffreiche, fris
Böden.

Schwarznußbau

Götterbaum

Ailanthus altissima Swingle
(Bitterholzgewächse)

<u>Gestalt:</u> Raschwüchsiger, bis 25 m
hoher Laubbaum. <u>Blätter:</u> Große,
40-60 (90) cm lange, unpaarige
Fiederblätter mit 13-25 (41)
schmal elliptischen Blättchen; diese 7-12 cm lang, im unteren Drittel

Fiederblätter des Götterbaums; Blättchen
nahe der Basis mit einigen großen Zähnen.

wenige große, drüsentragende
Zähne, sonst ganzrandig. <u>Blüten</u>
(VI, VII): Zwittrig oder einge-
schlechtig, oft zweihäusig verteilt.
Kleine, grünweiße Blüten in auf-
rechten, bis 25 cm langen Rispen.

Büscheliger Fruchtstand des Götterbaums
mit geflügelten Nüßchen.

<u>Früchte</u> (IX, X): Dichtgebüschel-
te, 3-5 cm lange Nüßchen; Samen
in der Mitte eines zweiseitig verlängerten, gedrehten Flügels. <u>Rin-
de:</u> Glatt, hell längsstreifig (Foto
Seite 248). <u>Verbreitung:</u> China. In
Süd- und wärmeren Teilen Mitteleuropas häufiger Zierbaum, oft
verwildert. <u>Standort:</u> Licht- und
wärmebedürftig; sonst anspruchslos.

Kaukasische Flügelnuß

Pterocarya fraxinifolia Spach
(Walnußbaumgewächse)

<u>Gestalt:</u> Laubbaum (bis 20
hoch) mit kuppelförmiger Kron

Die Kaukasische Flügelnuß ist häufig
mehrstämmig.

<u>Blätter:</u> 20-40 (60) cm lange, u
paarige Fiederblätter mit 11-2
schmal elliptischen Blättchen; di
se 6-12 cm lang, am Rand gesäg
Blattstiel kahl. <u>Blüten</u> (IV, V): Ei
häusig verteilt. ♂ und ♀ in Kät
chen; die ♂ 6-14 cm lang, dic
walzig, gelb, die ♀ bis 20 cm lan

Kaukasische Flügelnuß: Zweig mit hängend
Fruchtständen.

grünlich. <u>Früchte</u> (X): 30-60 c
lange, hängende Fruchtständ
daran zahlreiche, 1,5-2,5 cm bre
te, hellgrüne Nüßchen mit 2 hal
kreisförmigen Flügeln. <u>Rind</u>
Dunkelgrau, längsfurchig (Fo
Seite 248). <u>Verbreitung:</u> Kaukas
Nordwestpersien. In Mitteleurop
Zierbaum. <u>Standort:</u> Bevorzugt
der Nähe von Gewässern auf f
schen bis feuchten Böden; winte
hart.

Götterbaum

Eberesche

Vogelbeere
Sorbus aucuparia L.
(Rosengewächse)

Gestalt: Bis 15 (20) m hoher, anfangs raschwüchsiger Laubbaum; Krone locker, rundlich; oft mehrstämmig. Knospen: Weißfilzig behaart, dunkelviolett, nicht klebrig.

Zweig.

Blätter: Wechselständige, 10–20 cm lange, unpaarige Fiederblätter mit 9–17 schmal elliptischen, spitzen Blättchen; diese 2–6 cm lang, am Rand scharf und grob gesägt; unterseits graugrün, behaart bis kahl; dunkelrote oder gelbe

Unpaariges Fiederblatt mit scharf gesägten Blättchen.

Herbstfärbung. Blüten (V, VI): In vielblütigen, schirmförmigen Doldenrispen, zwittrig, etwa 1 cm breit; 5zählige, doppelte Blütenhülle mit weißen Kronblättern, meist 3griffelig; unangenehm riechend. Früchte (VIII–X): In dichten Büscheln. 7–10 mm große, kugelige Apfelfrüchtchen (»Vogelbeere« ist im botanischen Sinne keine Beere), meist dreisamig, an-

Die weißen Blüten stehen in schirmförmiger Doldenrispen.

fangs gelb, später scharlachro Früchte bleiben bis weit in de Winter am Baum. Rinde: Glat glänzend grau, mit längliche quergestellten Lentizellen (Fot Seite 248); selten im untere

Fruchtstand mit den kleinen Apfelfrüchtche (»Vogelbeeren«).

Stammbereich alter Bäume B dung einer dunkelgrauen, längsri siger Borke. Verbreitung: Europ Westsibirien, Kleinasien. Stan ort: Baum aller Höhenstufen; i Gebirge bis zur Waldgrenze (I neralpen bis 2400 m). Laub- ur Nadelwälder, Waldlichtunge Weg- und Waldränder, Gebüsch Anspruchslose Pionierbauma gedeiht auch auf mäßig trockene nährstoffarmen, sauren Böde bestes Wachstum auf frischen, h mosen Standorten. Unempfindli gegen Frost, mäßig tief wurzelne Licht- bis Halbschattbauma Häufig als Zierbaum gepflanz Ähnliche Art: Speierling (Seite 8(

Eberesche im Herbst

Speierling

Sorbus domestica L.
(Rosengewächse)

Gestalt: Bis 20 m hoher Laubbaum; Krone oval bis rundlich.
Knospen: Kahl, mitunter an den
Schuppenrändern schwach behaart, glänzend grün, meist klebrig. Blätter: Wechselständige,
12–22 cm lange, unpaarige Fiederblätter mit 11–21 schmal elliptischen, spitzen Blättchen; diese

Fiederblatt.

3–7 cm lang, scharf und grob gesägt; unterseits graugrün, meist
weichfilzig behaart, Behaarung im
Vergleich zur Eberesche dichter
und weniger verkahlend; Herbstfärbung gelb. Blüten (V): In vielblütigen, schirm- bis kegelförmi-

Blüten in schirmförmigen Doldenrispen.

gen Doldenrispen. Zwittrig, etwa
1,5 cm breit; 5zählige, doppelte
Blütenhülle mit weißen bis
schwach rötlichen Kronblättern;
meist 5griffelig. Früchte (IX–XI):
Kugelige oder birnförmige Apfelfrüchtchen; 1,5–3 cm lang (größer
als bei der Eberesche), meist fünf-

samig, anfangs grün, reif gelb b
braun, rotwangig, hell gepunkte
Voll ausgereift eßbar, fad he
schmeckend (hoher Gerbsäureg
halt; früher als Zusatz zum Apfe
most verwendet). Rinde: Anfan
durch runde Lentizellen rauh; fr
he Bildung einer graubraune

Reife, rotwangige Apfelfrüchtchen.

durch Längs- und Querrisse fei
gefelderten Borke (Foto Seite 248
Verbreitung: Südwestliches Mitte
europa, Südeuropa, Kleinasie
Nordafrika. Standort: Hauptvo
kommen im submediterrane
Klimabereich. Wärmeliebend
nördlich der Alpen; meist in E
chenmischwäldern der Weinbau
gebiete; in alten Obstgärten g
pflanzt. Mäßig trockene bis fr
sche, kalkreiche, nährstoffreich
Böden. Spätfrostempfindlich
tiefwurzelnde Halbschattbauma
Ähnliche Art: Eberesche (Sei
84). An den Blättern lassen si
beide Arten kaum, an den Kno
pen, Früchten und der Rinde ab
gut unterscheiden.
Hinweis: Der Speierling ist selte
geworden; eine der Ursachen d
für ist die schwierige Nachzuc
aus Samen, da die Früchte kein
hemmende Stoffe enthalten. A
natürlichem Weg geschieht ihr A
bau im Darm früchteverzehrend
Vögel.

Am borkigen Stamm, den Knospen und
Früchten läßt sich der Speierling sicher von
der ähnlichen Eberesche unterscheiden.

Gemeiner Goldregen

Laburnum anagyroides Medik.
(Hülsenfrüchtler)

Gestalt: Strauch oder bis 9 m hoher Baum. Blätter: Wechselständige (an Kurztrieben auch gebüschelte), langgestielte, 3zählige Fiederblätter; Blättchen elliptisch,

Kleeblattähnliche Fiederblätter des Goldregens.

3–6 cm lang, ganzrandig; unterseits hell- bis graugrün, fein behaart. Blüten (V, VI): Gelbe Schmetterlingsblüten in 10–20 cm langen, hängenden Trauben. Früchte (VIII, IX): 4–8 cm lange Hülsen, anfangs seidig behaart, reif mattbraun und meist kahl. Rinde: Glatt, grünlichbraun (Foto Seite 248). Verbreitung: Südosteuropa, Südalpen, Südfrankreich. In Mitteleuropa Ziergehölz, gelegentlich verwildert. Standort: Sonnige Wälder und Gebüsche (bis 2000 m); mäßig trockene, kalk- und nährstoffreiche Böden. Ähnliche Art: Beim Alpen-Goldregen *(Laburnum alpinum)* sind Blattunterseite und junge Frucht spärlich behaart oder kahl.

Hinweis: Beide Goldregen enthalten das giftige Alkaloid Cytisin.

Silberakazie

»Mimose«
Acacia dealbata Link
(Hülsenfrüchtler)

Gestalt: In Europa bis 20 m hohe immergrüner Laubbaum. Blätte Wechselständig; doppelt gefieder 8–14 cm lang. 10–18 Fiederpaar erster Ordnung; jede dieser Fiedern aus vielen, 3–4 mm großen länglichen, silbrig behaarten Blättchen zusammengesetzt. Blüte (I–IV): In kleinen, kugelige

Zweig der Silberakazie.

Köpfchen; diese, zu Rispen vereinigt; leuchtend gelb, duften

Silberakazie: doppelt gefiedertes Blatt (l); zu Rispen vereinigte, kopfige Blütenstände.

Früchte: Rotbraune Hülsen. Verbreitung: Südöstliches Australien In Südeuropa Zierbaum; in Mitteleuropa nicht winterhart.

Blühender Goldregen.

Robinie

Scheinakazie
Robinia pseudoacacia L.
(Hülsenfrüchtler)

<u>Gestalt:</u> Raschwüchsiger, bis 25 m hoher, sparrig verzweigter Laubbaum; Stamm meist krumm, Krone locker, abgerundet. <u>Triebe:</u> Kantig gerieft, mit paarigen Dornen. <u>Blätter:</u> Wechselständig.

Zweig.

20–30 cm lange, unpaarige Fiederblätter mit 9–19 elliptischen, dünnen Blättchen; diese 3–5 cm lang, ganzrandig, an beiden Enden rund. Blattstiel an der Basis mit 2 kräftigen Dornen (umgewandelte Nebenblätter). Später Laubaustrieb. <u>Blüten</u> (V, VI): Weiße, 1,5–2,5 cm große, zwittrige

Unpaarige Fiederblätter mit den zarten, dünnen Blättchen.

Schmetterlingsblüten in 10–20 cm langen, hängenden Trauben; angenehm und intensiv duftend, sehr nektarreich (wertvolle Bienenweide). <u>Früchte</u> (X, XI): 5–11 cm lange, flache Hülsen, braun, ledrig, mit 4–10 braunen Samen. Geöff-

Hängende Blütentrauben (l); Fruchtstand m flachen, ledrigen Hülsen (r).

nete Hülsen bleiben bis ins nächs Jahr am Baum. <u>Rinde:</u> Frühe B dung einer dicken, hellgrauen b graubraunen, tiefgefurchten Bor (Foto Seite 248). <u>Verbreitung:</u> Ö liches und mittleres Nordamerik In Europa als Zier- wie Waldbau einer der weitest verbreitete fremdländischen Baumarte <u>Standort:</u> Warme Lagen des Tie und Hügellandes. Anspruchslo auf frischen, nährstoffreich Lehmböden wie auf trockene armen Sanden; meidet vernäß Standorte. Weitgehend winte frostharte, aber frühfrostgefährd te Licht- und Pionierbaumart, hä fig auf Ödland; sehr intensiv wu zelnd; Bildung von Wurzelbru dadurch geeignet zur Bodenbef stigung (Böschungen, Halden); in der Lage, mittels Wurzelbakt rien Luftstickstoff zu binde Laubstreu sehr stickstoffreich, d durch bodenverbessernde W kung.
<u>Hinweis:</u> Die meisten Teile d Robinie sind giftig.

Blick in die Krone; auch stärkere Äste bilde die charakteristische Borke (oben); blühend Baum (unten).

Gleditschie

Gleditsia triacanthos L.
(Hülsenfrüchtler)

Gestalt: Bis 30 m hoher Laubbaum. Triebe: Ältere Triebe mit
scharfen, einfachen oder verzweig-
ten Dornen. Blätter: Wechselstän-

Dornig bewehrter Stamm der Gleditschie.

Zweig der Gleditschie.

dig. Einfach oder doppelt gefiedert; die einfach gefiederten
10–20 cm lang mit 16–30 länglich
eiförmigen Blättchen; diese
1,5–3,5 cm lang, Blattrand
schwach gekerbt; die doppelt gefiederten bis 30 cm lang,
mit 6–12 Fiedern erster Ordnung.

Gleditschie: Fiederblatt (l); Früchte (r).

Herbstfärbung goldgelb. Blüten
(VI, VII): Einhäusig verteilt; eingeschlechtig oder zwittrig. In trau-
bigen Blütenständen; Einzelblüte
unscheinbar, radiär mit 3–5 Blütenblättern. Früchte (X): 20–40 cm
lange, dunkelbraune, oft spiralig
gedrehte Hülsen; Samen in süßli-
chen Fruchtbrei gebettet. Rinde:
Graue bis schwärzliche, flachrissige Schuppenborke mit einfachen

oder verästelten, bis 20 cm lange
Dornen. Verbreitung: Mittler
Nordamerika. In Mitteleuropa i
Parks. Standort: Kalkreich
feuchte, seltener auch trocke
Böden; anspruchslos; weitgehen
winterhart.

Geweihbaum

Gymnocladus dioicus K. Koch
(Hülsenfrüchtler)

Gestalt: Bis 25 m hoher, dorne
loser Laubbaum. Blätter: Doppe
gefiedert, bis 90 cm lang; Blät
chen eiförmig mit langer Spitz
3–7 cm lang, ganzrandig. Blüte
(V, VI): Vorwiegend zweihäus
verteilt. In endständigen Rispe
grünweiß. Früchte: 10–20 cm la
ge, dunkelbraune Hülsen, im Wi

Geweihbaum: Zweig mit doppelt
gefiederten Blättern.

ter ungeöffnet abfallend. Verbre
tung: Mittleres Nordamerika. I
Mitteleuropa weitgehend winte
harter Parkbaum.

Gleditschie.

Johannisbrotbaum

Ceratonia siliqua L.
(Hülsenfrüchtler)

Gestalt: Bis 10 m hoher, immergrüner Laubbaum mit kurzem, an der Basis oft knorrig verbreitertem Stamm und dicht belaubter, kugeliger Krone. Blätter: Wechselständig. 10–20 cm lange, paarige Fiederblätter mit 6–10 ovalen Blättchen; diese 3–7 cm lang, ganzrandig, an der Spitze oft ausgerandet,

Johannisbrotbaum: Zweig mit dunkelbraunen Hülsenfrüchten.

Paariges Fiederblatt des Johannisbrotbaums mit derb ledrigen Blättchen.

derb ledrig; oberseits glänzend dunkelgrün. Blüten (VIII–X): Einhäusig verteilt. Blütenstände an älteren Zweigen, trauben- oder kätzchenförmig, aufrecht; Einzelblüte unscheinbar, Blütenhülle ohne Krone, ♂ mit 5 Staubblättern.

Aufrechte ♂ Blütenstände des Johannisbrotbaums; jede Einzelblüte hat 5 Staubblätter.

Früchte: 10–20 cm lange Hülsen, unreif grün, reif schwarzbraun; eßbar, Fruchtfleisch süß, anfangs weich, später verhärtend; häufig als Viehfutter verwendet. Verbreitung: Ursprünglich östliches Mittelmeergebiet; als alte Kulturpflanze im gesamten mediterranen Raum verbreitet. Standort: Hart-

laubwälder trockener, steiniger Hänge, meist auf Kalk. In Mitteleuropa nicht winterhart.

Schnurbaum

Sophora japonica L.
(Hülsenfrüchtler)

Gestalt: Rundkroniger, bis 25 hoher Laubbaum. Triebe: Bleibe einige Jahre grün. Blätter: Wecselständig. 15–25 cm lange, unpaarige Fiederblätter mit 7–15 kurzgestielten, länglichen bis eiförmige Blättchen; diese 3–5,5 cm lang, kurz grannenspitzig, ganzrandig oberseits dunkelgrün, unten fe behaart, graugrün. Blüten (VI VIII): In 15–30 cm langen, aurechten Rispen; Einzelblü 1–2 cm lang, gelbweiß. Früchte 5–8 cm lange Hülsen, durch Einschnürungen zwischen den Same (bis 6) rosenkranzartig gegliedert Verbreitung: Korea, China. Mitteleuropa winterharter Ziebaum.

Johannisbrotbaum (oben); Blühender Zweig des Schnurbaums (unten).

Eschen-Ahorn

Acer negundo L.
(Ahorngewächse)

Gestalt: Mittelgroßer, raschwüchsiger, bis 20 m hoher Laubbaum, kurz- oder mehrstämmig mit unregelmäßig breiter, lockerer Krone, Zweige zur Spitze hin oft überhängend. **Triebe:** Erbsengrün, bereift.

Fiederblatt (l); die Flügel der Spaltfrüchte si bogig gekrümmt (r).

gig nach innen gekrümmt. Re Früchte bleiben bis in den Wint am Baum. **Rinde:** Graubrau eng flachrissige Borke. **Verbr tung:** Mittleres und östlich Nordamerika. In Mitteleuro häufiger Park- und Gartenbau gelegentlich verwildert. **Stando** Von Natur aus in Gewässernä auf feuchten bis anmoorigen B den; darüber hinaus auch auf a deren, nicht zu trockenen Stand ten weit verbreitet; winterhar gegen Luftverschmutzung rela unempfindliche Lichtbaumart.

Zweig.

Blätter: Gegenständig. Langstielige, 15-25 cm lange, unpaarige Fiederblätter mit 3-7 (meist 5) dünnen, länglich eiförmigen Blättchen; diese 5-10 cm lang, zugespitzt, unregelmäßig grob gesägt oder seltener ganzrandig, das End-

Zweig der beliebten Zierform 'Variegatum'.

Hinweis: Vom Eschen-Ahorn e, stieren viele Gartenformen. B liebt ist die Form 'Variegatum' n unregelmäßig breit weiß gerand ten Blättern (Panaschierung).

Gegenständig verzweigter Trieb; die Triebe sind oft erbsengrün und mit abwischbarem Reif überzogen.

blättchen mitunter tief gespalten 3lappig; hellgrün (siehe Hinweis). **Blüten** (III, IV, meist vor dem Laubaustrieb): Zweihäusig verteilt. Gelbgrün; ♂ in dichten Büscheln; ♀ in hängenden Trauben. **Früchte:** (VII, VIII): Geflügelte Spaltfrüchte mit schlanken Nüßchen; reif blaßgelb; Fruchtflügel bilden spitzen Winkel und sind bo-

Gemeine Roßkastanie

Aesculus hippocastanum L.
(Roßkastaniengewächse)

<u>Gestalt:</u> Bis 30 m hoher Laubbaum mit breitgewölbter, dichter Krone und kurzem, drehwüchsigem Stamm. <u>Knospen:</u> Groß, glänzend rotbraun, klebrig. <u>Blätter:</u> Gegenständig. Langgestielt; handförmig

Blatt der Rotblühenden Roßkastanie.

Gemeine Roßkastanie: Blätter im Herbst.

gefiedert mit 5–7 länglich verkehrt eiförmigen, sitzenden Blättchen; diese bis 25 cm lang, am Rand doppelt gesägt; oberseits dunkelgrün, unterseits hellgrün. Herbstfärbung gelb. <u>Blüten</u> (V, VI; nach dem Laubaustrieb): In großen (20–30 cm), aufrechten, vielblütigen Rispen. Zwittrig oder ein-

grauem Nabel. <u>Rinde:</u> Anfan[g]s glatt; Borke graubraun, dün[n] schuppig (Foto Seite 248). <u>Verbre[i]</u> <u>tung:</u> Balkan (Albanien, Nordgr[ie] chenland, Bulgarien). In Mitteleu[ro]pa eingebürgert, beliebter Zie[r]baum, gelegentlich auch im Wa[ld] gepflanzt und verwildert. <u>Sta[n]dort:</u> Schattige, feuchte Berg- u[nd] Schluchtwälder; nährstoffreich[e,] tiefgründige, frische Sand- od[er] Lehmböden. Winterharte, fla[ch] wurzelnde Halbschattenbaum[art.]

Derbstachelige Früchte der Gemeinen Roß[kastanie (l); Einzelfrucht der Rotblühenden] Roßkastanie (r).

<u>Ähnliche Art:</u> Rotblühende Ro[ß] kastanie *(Aesculus x carnea = A[e.] hippocastanum x Ae. pavia).* Unte[r] schiede zur Gemeinen Roßkasta[nie:] <u>Blätter:</u> Blättchen meist etw[as] kleiner, derber, dunkler; oft ku[rz] gestielt. <u>Blüten:</u> Rot. Früch[te:] Kleiner und weniger bis kaum st[a] chelig. <u>Verbreitung:</u> Nur als Zie[r] baum in Parks und Gärten.

Blütenrispe der Gemeinen (l) und der Rotblühenden Roßkastanie (r).

geschlechtig; 5 (4) weiße Kronblätter mit am Grunde gelbem, später rotem Fleck (Saftmal); meist 7 lange, gebogene Staubblätter. <u>Früchte</u> (IX, X): Kugelige, bis 6 cm große Kapseln mit dicker, grüner, derbstacheliger Schale. Samen (1–3) groß, glänzend dunkelbraun mit

Gemeine Roßkastanie: Kurz vor dem Laub[austrieb (oben), in voller Blüte (unten).]

Gewöhnliche Esche

Fraxinus excelsior L.
(Ölbaumgewächse)

Gestalt: Bis 30 (40) m hoher Laubbaum mit runder oder ovaler Krone; im geschlossenen Bestand lan-

Zweig.

Die kleinen Blütenstände erscheinen vor den Blättern.

piger Narbe. Früchte (VIII–X) Zungenförmig geflügelte Nußfrüchte in büschelig hängende Rispen; 2–4 cm lang, braun. Bleiben reif noch längere Zeit am Baum. Rinde: Anfangs hellgrau glatt; dunkle, dicht längsrissig Borke (Foto Seite 248). Verbre

ge, astfreie Stämme. Knospen: Matt schwarz. Blätter: Gegenständig. Bis 35 cm lang; unpaarig gefiedert mit 9–15 Blättchen; diese schmalelliptisch, spitz; 4–10 cm lang, sitzend, nur das Endblättchen gestielt; am Rand fein gesägt.

In Büscheln hängende, zungenförmig geflügelte Früchte vor (l) und nach der Reife (r).

tung: Europa, Kleinasien. Standort: Laubmischwälder von de Ebene bis in mittlere Berglage (Alpen bis 1300 m); flußbegleiten in der feuchten Hartholzaue, en lang kleiner Wasserläufe im Bach Eschenwald und in Schluchtwä dern. Bestes Wachstum auf fr schen bis feuchten, tiefgründiger nährstoff- und kalkreichen (abe auch kalkarmen) Böden; oft abe auch auf flachgründigen, trocke nen Kalkstandorten. Beliebte Park- und Straßenbaum. Spä frostempfindliche, tief wurzelnd Halbschattbaumart. Ähnliche A ten: Blumenesche, Schmalblättrig Esche (Seite 102).

Fiederblatt mit sitzenden Blättchen (l); Erkennungsmerkmal im Winter: matt schwarze Knospen, hier die große Endknospe mit zwei gegenständigen Seitenknospen in den Achseln der Blattstiele (r).

Später Laubaustrieb; Blätter im Herbst grün abfallend. Blüten (IV, V, vor dem Laubaustrieb): Ein- oder zweihäusig verteilt, zwittrig oder eingeschlechtig. In vielblütigen, anfangs aufrechten, später überhängenden Rispen an den Spitzen vorjähriger Triebe. 2 (3) braunrote bis violette Staubblätter; Fruchtknoten mit zweilap-

Sommer- und Winterhabitus.

Blumenesche

Manna-, Schmuckesche
Fraxinus ornus L.
(Ölbaumgewächse)

<u>Gestalt:</u> Bis 20 m hoher, meist mehrstämmiger Laubbaum. <u>Knospen:</u> Graubraun, filzig. <u>Blätter:</u> Gegenständig. Bis 30 cm lang; un-

Blüten- (l) und Fruchtstand (r) der Blumenesche.

Zweig der Blumenesche.

paarig gefiedert mit 7–9 schmal elliptischen, spitzen Blättchen; diese 4–8 cm lang, mit kurzem, oft behaartem Stiel; am Rand fein ge-

Blumenesche: graubraune Knospen (l); Fiederblatt mit kurzgestielten Blättchen (r).

sägt. <u>Blüten</u> (IV–VI, mit dem Laubaustrieb): Zwittrig, selten auch eingeschlechtig. In großen, aufrechten oder überhängenden, endständigen Rispen; 4 schmale, weiße Kronblätter. Intensiv duftend. <u>Früchte</u> (VIII–X): Ähnlich denen der Gewöhnlichen Esche, aber etwas kleiner (2–3 cm lang), dunkelbraun. <u>Rinde:</u> Foto Seite 248. <u>Verbreitung:</u> Südeuropa (bis zum Südalpenrand), Kleinasien. Nördlich der Alpen als Zierbaum. <u>Standort:</u> Submediterrane Laubmisch- und Buschwälder

(häufig mit Hopfenbuche, Flaum und Steineiche) sonniger Felshänge, vorwiegend auf Kalk. Wärme liebende Lichtbaumart. <u>Ähnlich Arten:</u> Gewöhnliche Esche (Seit 100), Schmalblättrige Esche.
<u>Hinweis:</u> »Manna« ist der an Lu erstarrte, mannithaltige Blutungs saft der Blumenesche. Er dient al Rohstoff für Arzneimittel un wird vor allem in Süditalien dur Anritzen der Bäume gewonnen.

Schmalblättrige Esch

Fraxinus angustifolia Vahl
(Ölbaumgewächse)

Unterschiede zur Gewöhnliche Esche: Knospen dunkelbrau Fiederblättchen meist lanzettlich Blüten- und Fruchtstände traubig

Zweig der Schmalblättrigen Esche.

<u>Verbreitung:</u> Süd-, Südosteurop Nordafrika, Kleinasien. In Mitte europa gelegentlich in Park <u>Standort:</u> Meist in Auwäldern.

Blumenesche (oben); Schmalblättrige Esche (unten).

Schwarzer Holunder

Sambucus nigra L.
(Geißblattgewächse)

<u>Gestalt:</u> Bis 10 m hoher, krumm-
wüchsiger, breitkroniger Laubbaum oder Strauch; Zweige bogig
überhängend. <u>Triebe:</u> Graubraun,
mit vielen Korkwarzen (Lentizellen); Mark weiß. <u>Blätter:</u> Gegenständig. Bis 30 cm lange, unpaarige Fiederblätter mit 5 (3–7) eiförmig elliptischen Blättchen; diese

Reife Fruchtstände des Schwarzen
Holunders.

Zweig des Schwarzen Holunders.

bis 12 cm lang, spitz, am Rand gesägt; Zerrieben mit unangenehmem Geruch. Früher Laubaus-
trieb (III, IV). <u>Blüten</u> (V, VI): In
endständigen, vielblütigen Doldenrispen. Zwitterblüten 5zählig,
6–10 mm breit, Blütenhülle doppelt mit gelb- bis reinweißen,

te 248). <u>Verbreitung:</u> Fast ga[...]
Europa, Westsibirien, Kaukas[...]
Kleinasien. <u>Standort:</u> Von d[...]
Ebene bis in mittlere Gebirgslag[...]
(Alpen bis 1500 m) auf Waldlic[...]
tungen, an Wald- und Wegrä[...]
dern, in Gebüschen. Auf frische[...]
humosen, nährstoffreichen, tie[...]
gründigen Böden; häufig an e[...]
trem stickstoffreichen Orten (stic[...]
stoffweisende Pflanze). Der Blüt[...]
und Früchte wegen seit alters h[...]
in Kultur. Flach wurzelnde Lich[...]
bis Halbschattbaumart. <u>Ähnlic[...]</u>
<u>Art:</u> Trauben-Holunder *(Samb[...]*
cus racemosa L.). Unterschie[...]

Trauben-Holunder: eiförmige Blütenrispen
scharlachrote Steinfrüchte (r).

zum Schwarzen Holunder: <u>G[...]</u>
<u>stalt:</u> Bis 4 m hoher Strauch. <u>Tr[...]</u>
<u>be:</u> Mark hellbraun. <u>Blätt[...]</u>
Schmal elliptische Blättchen. <u>B[...]</u>
<u>ten:</u> In Rispen; gelbgrün. <u>Früch[...]</u>
Rot.

Schwarzer Holunder: Die Blüten stehen in
schirmförmigen Doldenrispen.

radförmig ausgebreiteten Kronblättern. Intensiv duftend. <u>Früchte</u>
(IX, X): Kugelige, 5–8 mm große,
beerenartige Steinfrüchte mit
meist 3 Kernen; reif glänzend
schwarz, saftig; eßbar. Fruchtstiele
rot. <u>Rinde:</u> Grob längs gefurchte,
graubraune Borke (Foto Sei-

Während der Schwarze Holunder durchaus
ein Baum werden kann (oben), bleibt der Tr[...]
ben-Holunder (auch Hirschholunder genan[...]
stets strauchförmig (unten).

Bergahorn

Acer pseudoplatanus L.
(Ahorngewächse)

Gestalt: Bis 35 m hoher Laubbaum mit dichter, starkästiger, kugeliger Krone. Blätter: Gegenständig. Größe variiert stark; Stiel bis 20 cm lang, ohne Milchsaft; Spreite 10–20 cm lang und etwa ebenso

Hängende Blütenrispe (l); gebüschelte, unreife Spaltfrüchte (r).

Zweig.

breit; mit 5 eiförmigen, spitzen Lappen, Buchten dazwischen keilförmig spitz; Rand unregelmäßig gesägt oder gekerbt; oberseits matt dunkelgrün, unterseits heller, graugrün, anfangs behaart, bis auf die Nervenwinkel verkahlend. Herbstfärbung goldgelb. Blüten (V, mit dem Laubaustrieb): In hängenden,

Das handförmig gelappte Bergahornblatt mit den keilförmig spitzen Buchten.

vielblütigen, 5–15 cm langen Rispen. Zwittrig oder eingeschlechtig; 5zählige, doppelte, freiblättrige Blütenhülle, gelbgrün. Früchte (IX, X): Geflügelte Spaltfrüchte mit 2 kugeligen Nüßchen; Flügel der beiden 3–5 cm langen Teilfrüchte stehen im spitzen Winkel zueinander; reif trennen sich die Teilfrüchte. Rinde: Anfangs grau-

braun, glatt; späte Bildung eine[r] graubraunen, rötlich gefleckte[n] Borke, von der sich flache Schup[p]en ablösen (Foto Seite 248). Ve[r]breitung: Gebirge Mittel-, Süd[?] und Südosteuropas; Kaukasu[s]. Standort: Häufig in montanen, b[u]chenreichen Mischwäldern un[d] schattigen Schluchtwäldern; selte[?]ner im subalpinen Fichtenwal[d] (Alpen bis 1700 m); bevorzugt a[uf] tiefgründigen, frischen bis feuc[h]ten, humus-, nährstoff- und base[n]reichen Böden in kühl luftfeuchte[n] Lagen; empfindlich gegen Sta[u]nässe. Mäßig tief wurzelnde Hal[b]schattbaumart. Als Straßen-, Par[k]und Gartenbaum weit verbreite[t], häufig forstlich angebaut. Ähn[li]che Art: Spitzahorn (Seite 108[?]) Griechischer Ahorn (Seite 112).

Bergahorn im ausgehenden Winter (oben) und kurz nach dem Laubaustrieb (unten).

Spitzahorn

Acer platanoides L.
(Ahorngewächse)

Gestalt: Bis 25 (35) m hoher Laubbaum mit dichter, starkästiger, kugeliger Krone. Blätter: Gegenständig. Größe variiert stark; Stiel bis
17 cm lang, Milchsaft führend;

Langspitzig gezähnte Blätter.

Spreite 8–17 cm lang, 10–20 cm
breit; mit 5–7 fein langspitzig gezähnten Lappen, Buchten dazwischen abgerundet; beidseitig
schwach glänzend, hellgrün, bis
auf die Nervenwinkel der Unterseite kahl. Herbstfärbung gelb bis

Laubaustrieb: Die Knospe hat sich geöffnet,
die gegenständigen Knospenschuppen sind
zurückgeschlagen, der Trieb beginnt sich zu
strecken, die Blätter werden entfaltet.

gelbrot. Blüten (IV, V, vor dem
Laubaustrieb): In endständigen,
aufrechten, vielblütigen Doldenrispen. Zwittrig oder eingeschlechtig; 5zählige, doppelte, freiblättrige Blütenhülle, gelbgrün. Früchte
(IX, X): Geflügelte Spaltfrüchte
mit 2 flachen Nüßchen; Flügel der
beiden 4–5 cm langen Teilfrüchte

Die Blütenstände sind aufrecht.

stehen stumpfwinklig bis waa_
recht zueinander. Rinde: Anfar_
hellgrau, glatt; Borke dunkelgr_
bis schwärzlich, dicht längsriss_
nicht abschuppend. Verbreitur_
Weite Teile Europas, Kaukas_
Kleinasien. Standort: Von e_
Ebene bis in mittlere Gebirgslag_
(Alpen bis 1100 m); eingespret_
in Laubmischwäldern (Eiche_
Hainbuchenwald, Eichen-Ulme_
Auwald, Linden-Ahornwa_

Die Spaltfrucht des Ahorns ist aus zwei ein_
samigen Flügelfrüchten zusammengesetzt_
die sich zur Reife trennen. Die Flügel des
Spitzahorns stehen stumpfwinklig bis waa_
recht zueinander.

Schluchtwälder); bevorzugt a_
frischen bis feuchten, nährsto_
reichen, lockeren Lehmböd_
Mäßig tief wurzelnde Halbscha_
baumart. Als Straßen-, Park- u_
Gartenbaum weit verbreitet. Äl_
liche Arten: Bergahorn (Seite 10_
Zuckerahorn (Seite 112).

Blühender Baum (oben); Blick in eine star_
ästige Krone (unten).

Feldahorn

Acer campestre L.
(Ahorngewächse)

Gestalt: Bis 12 (20) m hoher, rund-kroniger Laubbaum. Blätter: Gegenständig. Stiel Milchsaft führend; Spreite 4–8 cm lang, 5–10 cm breit; mit 5 (selten 3) stumpfen

Die Flügel reifender Feldahornfrüchte sind häufig rot überlaufen.

etwas wärmeliebend; mäßig tro(ckene bis frische, nährstoffreic(he) Böden, oft auf Kalk. Mäßig ti(ef) wurzelnde Halbschattbaum. Ähnliche Art: Französisch(er) Ahorn.

Ältere Zweige des Feldahorns haben oft deutliche Korkleisten (l); belaubter Zweig (r).

Lappen, die 3 vorderen oft ihrerseits schwach gelappt; Herbstfärbung gelb oder rot. Blüten (IV, V, mit dem Laubaustrieb): In aufrechten bis überhängenden Rispen. Zwittrig oder eingeschlech-

Blütenstände des Feldahorns.

tig; 5zählige, doppelte, freiblättrige Blütenhülle, gelbgrün. Früchte (VIII, IX): Geflügelte Spaltfrüchte mit 2 flachen Nüßchen; Flügel der beiden Teilfrüchte annähernd waagerecht. Rinde: Anfangs braun, glatt, Zweige häufig mit Korkleisten; Borke graubraun, feinrissig rechteckig gefeldert (Foto Seite 248). Verbreitung: Europa, Nordafrika, Kleinasien, Kaukasus. Standort: Laubmischwälder der Ebene und des Hügellandes, Waldränder, Hecken, Gebüsche;

Französischer Ahor(n)

Acer monspessulanum L.
(Ahorngewächse)

Gestalt: Strauch oder bis 10 m (ho)her Laubbaum. Blätter: Gege(n)ständig; derb. Stiel ohne Mil(ch)saft; Spreite 3–6 cm lang, 4–8 breit; mit 3 eiförmigen, ganzran(di)gen Lappen. Früchte (VIII, I(X)): Geflügelte Spaltfrüchte mit 2 (r)geligen Nüßchen; Fruchtflü(gel)

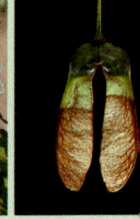

Französischer Ahorn: Zweig (l); Spaltfruc(ht) mit annähernd parallelen Flügeln (r).

stehen spitzwinklig bis parallel einander. Verbreitung: Mit(tel)meergebiet, südliches Mitteleu(ro)pa, von Ostfrankreich bis z(um) Mittelrhein. Standort: Wärme(lie)bende Laubmischwälder, trock(ene) Felsgebüsche. Ähnliche Art: Fe(ld)ahorn.

Feldahorn mit Früchten im Spätherbs(t)

110

Zuckerahorn

Acer saccharum Marsh.
(Ahorngewächse)

Gestalt: Bis 35 m hoher Laubbaum mit runder Krone. Blätter: Gegenständig. 8–15 cm lang, etwa ebenso breit; 5lappig, Lappen zugespitzt, mit wenigen großen Zähnen; Buchten abgerundet; Stiele ohne

Die Blattlappen des Zuckerahorns haben lang ausgezogene Spitzen und wenige, große Zähne; die Buchten dazwischen sind rund.

Milchsaft. Herbstfärbung gelborange bis rot. Blüten (IV, V, mit dem Laubaustrieb): Eingeschlechtig; hängen gebüschelt an langen, schlaffen Stielen; Kelch glockig, gelbgrün; Kronblätter fehlend. Früchte (VIII, IX): Geflügelte Spaltfrüchte mit kugeligen Nüßchen; Fruchtflügel stehen spitzwinklig bis parallel zueinander. Rinde: Graue, rissige Borke (Foto Seite 248). Verbreitung: Östliches und mittleres Nordamerika. In Mitteleuropa in Parks. Standort: Nährstoffreiche, feuchte, lehmige Böden; extreme Schattbaumart, winterhart. Ähnliche Art: Spitzahorn (Seite 108).
Hinweis: Aus dem zuckerreichen Blutungssaft des Zuckerahorns wird Ahornsirup (Maple syrup) gewonnen.

Griechischer Ahorn

Acer heldreichii Orph.
(Ahorngewächse)

Gestalt: Kleiner, bis 15 m hoh Laubbaum. Blätter: Gegenständi Bis 14 cm lang und etwa eben breit; tief, oft fast bis zum Grun

Zweig des Griechischen Ahorns.

eingeschnitten 5lappig; am Ra unregelmäßig grob gesägt; obe seits sattgrün, unterseits hell gel bis graugrün, mehr oder wenig behaart. Herbstfärbung gel

Meist sind die Blätter des Griechischen Ahorns tiefer eingeschnitten als hier zu seh

Früchte (VIII, IX): Geflüge Spaltfrüchte mit kugeligen Nü chen; Fruchtflügel stehen spi winklig, selten auch fast paral zueinander. Verbreitung: Gr chenland, Balkan. In Mitteleuro gelegentlich in Parks. Stando Bergwälder. Ähnliche Art: Be ahorn (Seite 106).

Silberahorn

Acer saccharinum L.
(Ahorngewächse)

Gestalt: In der Heimat bis 35 m, in Mitteleuropa höchstens 20 m hoher, oft mehrstämmiger Laubbaum mit unregelmäßig gebauter Krone;

Zweig des Silberahorns kurz nach der Laubentfaltung.

Äste steil ansteigend, Zweigspitzen meist überhängend. Blätter: Gegenständig. Stiel ohne Milchsaft; Spreite 8–16 cm lang, meist etwas weniger breit; tief eingeschnitten 5lappig; Lappen langspitzig, tief und doppelt gesägt bis gelappt;

Das Blatt des Silberahorns ist tief eingeschnitten 5lappig.

unterseits silberweiß. Blüten (II–IV, vor dem Laubaustrieb): Eingeschlechtig; ♂ und ♀ in getrennten, kurzstieligen, dichten Büscheln, gelbgrün. Früchte (V, VI): Geflügelte, hellbraune Spaltfrüchte mit länglichen Nüßchen; Flügel der beiden 3,5–6 cm langen Teilfrüchte meist säbelförmig gebogen, mehr oder weniger rechtwinklig spreizend. Verbreitung: Östliches und mittleres Nordamerika. In Mitteleuropa beliebt Park- und Straßenbaum. Stando Entlang von Gewässern auf feuc ten, zeitweilig überschwemmt Niederungsböden; winterha Lichtbaumart.

Kolchischer Ahorn

Acer cappadocicum Gled.
(Ahorngewächse)

Gestalt: Mittelgroßer, bis 20 m h her Laubbaum. Blätter: Gege

Kolchischer Ahorn: Die ganzrandigen Blattlappen sind lang zugespitzt.

Fruchtstand des Kolchischen Ahorns.

ständig. Spreite 8–14 cm breit; r 5–7 langspitzigen, ganzrandig Lappen. Früchte (X): Fruchtflü, stumpfwinklig, mitunter fast w, gerecht spreizend. Verbreitu Kaukasus, Westasien bis Hin laja, Westchina. In Mitteleuro gelegentlich in Parks. Stando Laubmischwälder, Waldränder.

Der Silberahorn ist meist mehrstämmi

Fächerahorn

Acer palmatum Thunb.
(Ahorngewächse)

Gestalt: Kleiner, bis 8 (15) m hoher, rundkroniger Laubbaum; die zahlreichen Gartenformen meist strauchförmig. Blätter: Gegenständig. Form und Farbe sehr veränderlich; im typischen Fall bis 10 cm lang, etwa ebenso breit; mit

Fächerahorn: Zweig mit junger Frucht.

5–7 (9) eilanzettlichen, fein gesägten Lappen und tiefen Buchten; frischgrün. Herbstfärbung gelb bis purpurrot. Früchte (X, XI): Geflügelte Spaltfrüchte; Flügel der beiden Teilfrüchte stehen stumpfwinklig, mitunter annähernd waage-

Früchte einer rotblättrigen Form des Fächerahorns.

recht zueinander. Rinde: Foto Seite 249. Verbreitung: China, Japan, Korea. In Mitteleuropa beliebtes und weit verbreitetes Ziergehölz. Standort: Bevorzugt auf nährstoffreichen, nicht zu feuchten Böden; winterhart.
Hinweis: Vom Fächerahorn gibt es viele Gartenformen. Häufig sind die Sorten 'Atropurpureum' (Blätter dunkel- bis fast schwarzrot und 'Dissectum' (Blätter bis zu Grunde eingeschnitten; Lappen sehr schmal, fast fadenförmig, f derteilig).

Amurahorn

Feuerahorn
Acer ginnala Maxim.
(Ahorngewächse)

Gestalt: Strauch oder klein höchstens 6 m hoher Baum. Blätter: Gegenständig. 4–9 cm lan 3–6 cm breit; 3lappig oder ge gentlich undeutlich 5lappig, M tellappen mit lang ausgezogen Spitze, stets viel größer als die se lichen; Blattrand doppelt gesä

Amurahorn: Zweig mit Früchten.

Leuchtend rote Herbstfärbur Früchte (VII, VIII): Flügel d Spaltfrüchte stehen spitzwink bis parallel zueinander. Verbr tung: China, Japan, Korea, Ma dschurei. In Mitteleuropa winte hartes Ziergehölz.

Vom Fächerahorn werden verschiedene rot blättrige Zierformen kultiviert; unten die So 'Dissectum Ornatum'.

Kreuzdorn

Rhamnus catharticus L.
(Kreuzdorngewächse)

<u>Gestalt:</u> Sparriger Strauch oder kleiner, bis 8 m hoher, rundkroniger Laubbaum. <u>Triebe:</u> Enden häufig in Dornen. <u>Blätter:</u> Gegenständig. Stiel 1–2,5 cm lang; Spreite breit elliptisch, 3–6 (9) cm lang,

Blütenzweig des Kreuzdorns.

kurz zugespitzt; am Rand fein kerbig gesägt; 3–4 (5) Paar bogig zur Blattspitze verlaufende Nerven; meist kahl. <u>Blüten</u> (V, VI): Zu 2–8 in blattachselständigen Büscheln. Eingeschlechtig; klein und unscheinbar 4zählige, doppelte gelbgrüne Blütenhülle. <u>Früchte</u> (VIII–X): Kugelige, erbsengroße, beerenähnliche Steinfrüchte mit

Kreuzdorn: Die Seitennerven der fein gesägten Blätter verlaufen bogig zur Spitze, der Trieb endet häufig in einem Dorn (l); Früchte unterschiedlicher Reife (r).

2–4 Kernen; reif blauschwarz, saftig. Giftig! <u>Rinde:</u> Graubraune bis schwärzliche, rissige Borke (Foto Seite 249). <u>Verbreitung:</u> Europa, Westasien, Nordwestafrika: <u>Standort:</u> Von der Ebene bis in mittlere Gebirgslagen (Alpen bis 1300 m in Gebüschen, Hecken und Waldrändern, bevorzugt auf flachgründigen, mäßig trockenen, basen- und kalkreichen, steinigen Böden sonniger Lagen; meidet Staunässe, bildet Wurzelsprosse. Licht- bis Halbschattbaumart. <u>Ähnliche Art:</u> Faulbaum *(Rhamnus frangula L.),* dem Kreuzdorn nahe verwandter, häufiger Strauch. Unterschiede zum Kreuzdorn: <u>Triebe:</u> Dornenlos; dicht mit hellen, länglichen Korkwarzen besetzt. <u>Blätter:</u> Wechselständig

Faulbaum: Triebe mit den typischen, länglichen Korkwarzen (r); Zweig mit ganzrandigen Blättern und reifenden Früchten (l).

ganzrandig, mit 6–10 Nervenpaaren. <u>Blüten</u> (V–IX): Zwittrig, 5zählig, grünweiß. <u>Früchte</u> (VII–X): Verfärben sich von grün über rot nach schwarz. <u>Verbreitung:</u> Europa, Kleinasien, Nordwestafrika. <u>Standort:</u> Laub- und Nadelwälder (vor allem Bruch-, Moor-, Auwälder); meist auf tiefgründigen, feuchten bis sumpfigen, sauren Böden.

Kreuzdorn in einem Park (oben); am natürlichen Standort (unten).

Kornelkirsche

Cornus mas L.
(Hartriegelgewächse)

Gestalt: Strauch oder kleiner, bis 8 m hoher, rundkroniger Laubbaum. Knospen: Länglich spitze Laubknospen; daneben gestielte, kugelige Blütenknospen. Blätter: Gegenständig. Stiel 5–10 mm lang; Spreite eiförmig elliptisch mit ausgezogener Spitze, 5–10 cm lang,

Früchte der Kornelkirsche kurz vor der Reif

Gegenständig beblätterter Zweig der Kornelkirsche.

ganzrandig, 3–5 Paar bogig verlaufende Nerven; beidseitig fein behaart. Blüten (II–IV, vor dem Laubaustrieb): In seitenständigen, 1–2 cm breiten Dolden; diese am Grunde mit 4 Schuppenblättern; 4zählige Zwitterblüten mit doppelter, leuchtend gelber Blütenhülle.

Kornelkirsche: Die gestielten, kugeligen Blütenknospen sind bereits im Spätsommer zu sehen (l); aus ihnen brechen im Vorfrühling die kleinen Blütendöldchen hervor (r).

Früchte (VIII, IX): Ovale, bis 2 cm lange, glänzend rote Steinfrucht mit großem, 2samigen Steinkern; Fruchtfleisch saftig, eßbar, säuerlich schmeckend. Rinde: Graubraune, abblätternde Borke. Ver-

breitung: Mittel-, Südeurop Kleinasien, Kaukasus. Standor Warme, trockene, lichte Eiche wälder, Waldränder, Gebüsch nährstoff- und kalkreiche Böde Wegen der frühen, auffälligen Bl te gern kultiviert. Licht- bis Hal schattbaumart. Ähnliche Art: R ter Hartriegel *(Cornus sang nea L.),* der Kornelkirsche nal verwandter Strauch. Unterschiec zur Kornelkirsche: Triebe: I Winter rot. Blätter: Mit weinrot Herbstfärbung. Blüten (V, VI): endständigen Doldenrispen; wei

Die rotstieligen Fruchtstände mit zahlreiche glänzend schwarzen Steinfrüchten unterscheiden den Roten Hartriegel sicher von d ansonsten ähnlichen Kornelkirsche.

Früchte (IX): Kugelig, erbsengro blauschwarz, rot gestielt. Verbre tung: Europa. Standort: Laubwä der, Auwälder, Waldränder, Geb sche; mäßig trockene bis frisch meist kalkreiche Lehmböden.

Die Kornelkirsche blüht lange vor dem Laubaustrieb.

Ölbaum

Olivenbaum
Olea europaea L.
(Ölbaumgewächse)

Gestalt: Kleiner, selten über 10 m hoher, trägwüchsiger Laubbaum; Stamm kurz, stets dicht über dem Boden verzweigt, im Alter dick und oft sehr bizarr knorrig; Krone breit und unregelmäßig starkästig.

Graugrüne, gegenständige Blätter (l);
Früchte (r).

Zweig.

Blätter: Gegenständig, immergrün, derb lederartig. Schmal elliptisch bis lanzettlich (weidenartig), 4–8 cm lang, ganzrandig, Rand meist leicht eingerollt; oberseits dunkel- oder graugrün, kahl oder spärlich behaart, unterseits dicht silbergrau behaart. **Blüten** (IV–VII): In blattachselständigen Rispen. Zwittrig; klein; Kelch 4zähnig; 4lappige, weiße Krone; 2 Staubblätter; 2 kurze Narbenäste. Angenehm duftend. **Früchte** (IX, X): Kugelige oder pflaumenförmige, bis 4 cm große Steinfrucht (Olive) mit ölhaltigem, eßbarem Fruchtfleisch; anfangs grün, reif meist schwarz (aber auch andersfarbige Sorten); Steinkern zusammengedrückt, sehr hart und rauh. **Rinde:** Hellgraue, rissige Borke. **Verbreitung:** Gesamtes Mittelmeergebiet. Darüber hinaus in vielen Teilen der Welt angebaut. **Standort:** Trockene, warme Lagen. Plantagen (Olivenhaine) meist auf tiefergründigen, gut nährstoffversorgten Böden; unempfindlich gegen Dürre, gefährdet durch Winterkälte und Frühjahrsfröste. Lichtbaumart.

Hinweis: Der Ölbaum, eine sehr alte, sortenreiche Kulturpflanze *(O. europaea ssp. europaea)* ist eine der Charakterpflanzen der mediterranen Landschaft. Von wirtschaftlicher Bedeutung ist neben der Olive auch das wertvolle, vielseitig verwendbare Holz. Die Wildform dieser Baumart *(O. europaea ssp. sylvestris),* ein Bestandteil der Macchie (immergrüne Gebüsche), unterscheidet sich von den Zuchtsorten durch folgende Merkmale: sie wächst meist strauchförmig, nur selten als kleiner Baum; Zweige dornig bewehrt; Blätter kleiner (2–5 cm lang); Frucht ölarm, annähernd rund. Die genaue Unterscheidung beider Formen ist schwierig, da zwischen den Typen alle Übergangsformen auftreten können.

Ölbäume nehmen oft sehr bizarre Formen an.

Paulownie

Blauglockenbaum
Paulownia tomentosa (Thunb.)
Steud.
(Braunwurzgewächse)

Gestalt: Mittelgroßer, bis 15 (20) m hoher, breitkroniger Laubbaum; raschwüchsig. Blätter: Gegenständig. Sehr groß; Stiel 8–20 cm lang; Spreite 15–35 cm lang und bis zu 30 cm breit (Blätter von Schößlingstrieben mitunter noch größer); breit eiförmig mit meist herzförmiger Basis, spitz, ganzrandig,

Zweig mit den großen, langgestielten Blättern.

gelegentlich mit wenigen großen Zähnen oder schwach ausgebildeten Lappen (dies vor allem bei großen Blättern); beidseitig behaart. Blüten (IV, V, vor dem Laubaustrieb): Die kugeligen, braunfilzigen Blütenknospen schon ab dem

Braunfilzige Blütenknospen (l); Blütenstand mit den schönen, glockigen Blüten, die in der Form denen des Fingerhuts ähneln (r).

Spätsommer des Vorjahres sichtbar. Aufrechte, rispige Blütenstände mit auffallenden, 5–6 cm großen Zwitterblüten; Kronröhre

glockenförmig, am Saum mit 5 ungleichen Lappen, violett bis weiß violett, innen gelb gestreift, duftend. Früchte (VIII–X): Ledrig braune Kapseln, eiförmig, 2–4 cm groß, mit kurzer Schnabelspitze Samen zahlreich, klein, geflügel

Eiförmige, teilweise geöffnete Kapselfrüchte

Die Kapseln bleiben reif noch längere Zeit am Baum. Rinde: Glatt oder leicht längsstreifig, graubraun (Foto Seite 249). Verbreitung: China. In Südeuropa häufig, im südlichen Mitteleuropa gelegentlich kultivierter Zierbaum. Standort Nährstoffreiche, frische Böden gedeiht in Mitteleuropa meist nur im Bereich des Weinbauklimas, da vor allem in der Jugend sehr frostgefährdet; ältere Bäume relativ frosthart. Ähnliche Art: Trompetenbaum (Seite 126).

Im Frühjahr beeindruckt die Paulownie durch ihre Blütenpracht (oben); im Sommer durch die riesigen Blätter (unten).

Trompetenbaum

Bohnenbaum
Catalpa bignonioides Walt.
(Trompetenbaumgewächse)

Gestalt: Mittelgroßer, bis 15 (20) m hoher Laubbaum mit meist breiter Krone und kurzem Stamm. **Blätter:** Gegenständig oder auch zu dritt in Quirlen. Sehr groß; Stiel 10–17 cm lang; Spreite 10–25 cm lang, 8–15 cm breit; breit eiförmig mit herzförmiger Basis, spitz, ganzrandig, gelegentlich mit 1–2 kleinen, spitzen Lappen; anfangs beidseitig, später nur auf der helleren Unterseite weich behaart; zer-

Zweig mit Blättern und Früchten.

rieben mit unangenehmem Geruch. Später Laubaustrieb, früher herbstlicher Laubfall. **Blüten** (VI, VII; nach dem Laubaustrieb): In aufrechten, endständigen, breit kegelförmigen Rispen. 3–5 cm große Zwitterblüten; Kronröhre glokkenförmig mit krausem, ungleich 5lappigem Saum, weiß, innen gelb gestreift und violett gefleckt; schwach duftend. **Früchte** (IX, X):

Aufrechte Blütenrispen.

Bohnenförmige, dünnwandige, i Querschnitt runde Kapsel 20–40 cm lang, kaum 1 cm dick Samen zahlreich, klein, flach, m spitzen, behaarten Flügeln. Kap seln bleiben reif noch bis ins näch ste Frühjahr am Baum hänge

Die bohnenförmigen Kapseln bleiben nach d Reife noch weit bis ins nächste Jahr am Bau

Rinde: Dünne, graubraune, klei schuppige Borke. **Verbreitun** Südöstliches Nordamerika. Südeuropa häufig, in Mitteleurop gelegentlich kultivierter Zierbau **Standort:** Tieflagen; anspruch voll, bevorzugt nährstoffreiche, f sche Böden. Meist ausreiche winterhart, jedoch gefährdet dur Spätfröste, deswegen Anbau in g schützten, milden Lagen vorte haft. **Ähnliche Art:** Paulown (Seite 124).

Trompetenbäume fruchten meist reich

Ginkgo

Ginkgo biloba L.
(Ginkgogewächse)

Gestalt: Bis 30 m hoher, sommergrüner Baum; Krone unregelmäßig aufgebaut, sparrig verzweigt, anfangs schmal, später meist breit.
Blätter: An Langtrieben einzeln, wechselständig; an Kurztrieben gebüschelt. Fächerförmig, 5–8 cm

Die mirabellenähnlichen Samen (Scheinfrüchte) riechen unangenehm nach Buttersäure; der Samenansatz ist in manchen Jahren sehr reich.

Zweig mit büschelig beblätterten Kurztrieben.

breit, derb, langgestielt, Blattnerven parallel, gabelig verzweigt; vorderer Rand wellig oder mit tiefen Einschnitten, oft deutlich 2lappig; anfangs hellgrün, später dunkelgrün. Herbstfärbung gelb. **Blü-**

Herbstfärbung.

ten (IV, V; mit dem Laubaustrieb): Zweihäusig verteilt; immer an Kurztrieben. ♂ zu 2–5, kätzchenartig, 4–7 cm lang, mit vielen, locker stehenden Staubblättern, gelb. ♀ zu 1–3, langgestielt, mit 2 freien Samenanlagen am keulig verdickten, gegabelten Ende, grün. **Samen** (X, XI): Mirabellenähnliche, 2–3 cm große Scheinfrucht mit fleischiger, gelboranger Samenhülle, die reif unangenehm riecht.

Rinde: Frühe Bildung einer gra... braunen, zunächst feinrissige... später grob gefurchten Borke (F... to Seite 249). **Verbreitung:** Südo... China. In Europa häufiger Par... und Gartenbaum. **Stando...** Mischwälder in Lagen bis 750... Ohne besondere Bodenansprüch... völlig winterharte Lichtbauma... relativ unempfindlich gegen Lu... verschmutzungen.
Hinweis: 1. Der Ginkgo gilt als... bendes Fossil, da er der einzi... noch lebende Vertreter seiner F... milie ist, die im Erdmittelalter v... über 100 Millionen Jahren ih... Blütezeit erlebte. 2. Trotz laubbla... ähnlicher Blattspreiten ist er ke... Laubbaum (Bedecktsamer), so... dern gleich den Nadelbäumen e... Nacktsamer (Samenanlage nic... von einem Fruchtknoten u... schlossen). 3. Aufgrund des übl... Geruchs reifer Samen werden v... wiegend ♂ Bäume angepflanzt.

Der Ginkgo ist ein geschätzter Parkbaum

Schwarzpappel

Populus nigra L.
(Weidengewächse)

Gestalt: Raschwüchsiger, bis 35 m hoher Laubbaum; Krone breit, locker, starkästig. Triebe: Kahl, glänzend lehmgelb. Blätter: Wechselständig. Stiel 2–6 cm lang;

Zweig.

Spreite dreieckig bis rautenförmig, spitz, 5–10 cm lang, am Rand kerbig gesägt; kahl, oberseits dunkel-, unterseits hellgrün. Blüten (III, IV; vor dem Laubaustrieb): Zweihäusig verteilt. Tragblätter der Blüten

Blatt.

zerschlitzt, nicht bewimpert. ♂ in hängenden, dickwalzigen, bis 9 cm langen Kätzchen; gelbbraun bis rötlich. ♀ in etwa ebenso langen, schlanken Kätzchen, die sich zur Fruchtzeit verlängern; gelbgrün. Früchte (V, VI): 2klappig aufspringende Kapseln. Samen (größer als bei Weiß- und Zitterpappel) mit Haarschopf. Rinde: Anfangs glatt, hellgrau; frühe Bildung einer tiefrissigen, schwärzlichen (Name!) Borke (Foto Seite 249). Verbreitung: Mittel-, Süd-, Osteuropa, Vorderasien, Westsibirien, Nordafrika. Standort: Auwälder großer Flußniederungen; bevorzugt auf feuchten bis nassen, periodisch überfluteten, nährstoff- und basenreichen Sand- und Lehmböden. Etwas wärmeliebende, meist flachwurzelnde, dürregefährdete Lichtbaumart; bildet Wurzelsprosse. Stellt zusammen mit der Silberweide die Baumschicht der Weichholzaue (Silberweidenwald, eine heute seltene Pflanzengesellschaft). Über die Naturvorkommen hinaus verbreitet angepflanzt und verwildert.

Hängende Fruchtstände mit den vielsamigen Kapseln (l); die winzigen Samen sind mit einem Haarschopf, der Samenwolle, versehen (r), die Samenverbreitung besorgt der Wind.

Hinweis: Die häufig als Allebaum gepflanzte Pyramiden- oder Säulenpappel *(Populus nigra 'Italica')* ist eine durch Mutation in der Wuchsform veränderte Schwarzpappel. Kennzeichen: Äste annähernd senkrecht aufsteigend, Krone dadurch säulenförmig. Meist werden ♂ Exemplare angebaut, ihre Vermehrung erfolgt durch Stecklinge.

Pyramidenpappeln sind Schwarzpappeln mit säulenförmiger Krone (oben); Schwarzpappeln verwendet man gerne im Flurholzanbau (unten).

Silberpappel

Weißpappel
Populus alba L.
(Weidengewächse)

Die Blätter sind sehr vielgestaltig; neben ge
lappten Blättern (siehe Bild links unten) gib
es am selben Baum auch ungelappte (l);
♂ Blütenkätzchen (r).

<u>Gestalt:</u> Raschwüchsiger, bis 35 m hoher Laubbaum; Krone breit, locker, starkästig. <u>Triebe:</u> Weißfilzig behaart, verkahlend. <u>Blätter:</u> Wechselständig. Stiel 2–4 cm lang,

Zweig.

behaart; Form der Spreite sehr veränderlich, rundlich bis eiförmig, an Langtrieben meist buchtig gelappt, an Kurztrieben ungelappt; 4–10 cm lang, an kräftigen Schößlingen oft erheblich größer;

Im Unterschied zur grünen Oberseite (l) sind die Blätter auf der Unterseite (r) dicht weißfilzig behaart.

am Rand unregelmäßig buchtig stumpf gezähnt; oberseits anfangs flaumig, später kahl, glänzend grün; unterseits bleibend weißfilzig behaart. <u>Blüten</u> (III, IV; vor dem Laubaustrieb): Zweihäusig verteilt. Tragblätter der Blüten gezähnt, zottig bewimpert. ♂ in hängenden, dickwalzigen, bis 8 cm langen Kätzchen; anfangs rötlich, mit der Zeit verblassend. ♀ in et-

was kürzeren, schlanken Kä chen; gelbgrün. <u>Früchte</u> (V, V 2klappig aufspringende Kapsel Samen sehr klein, mit Haarscho <u>Rinde:</u> Grauweiß, lange gla dunkelgraue, längsrissige Borl <u>Verbreitung:</u> Mittel-, Süd-, Oste ropa, Westsibirien, Westasie Nordafrika. <u>Standort:</u> In der Ha holzaue großer Flußniederunge meist vergesellschaftet mit Stiel che, Ulme und Gemeiner Esch bevorzugt auf gelegentlich überf teten, frischen bis feuchten, Sommer aber auch oberflächli austrocknenden, nährstoff- u basenreichen Sand-, Lehm- u Tonböden; wärmebedürftige, re tiv dürreunempfindliche, fla wurzelnde Licht- und Pioni baumart; bildet Wurzelspros Über die Naturvorkommen hina verbreitet angepflanzt (Zierbau und verwildert. <u>Ähnliche A</u> Graupappel (Seite 136).

Zitterpappel

Aspe, Espe
Populus tremula L.
(Weidengewächse)

<u>Gestalt:</u> Raschwüchsiger, bis 30 m hoher Laubbaum mit breiter, lockerer Krone. <u>Triebe:</u> Kahl, glänzend gelbbraun. <u>Blätter:</u> Wechselständig. Stiel seitlich abgeflacht,

Zitterndes Laub im Wipfel eines jungen Baumes.

etwa annähernd so lang wie die 3–8 cm große, rundliche bis eiförmige Spreite; am Rand grob stumpf gezähnt; nur anfangs behaart, bald kahl; oberseits glänzend grün, unterseits heller. Blätter kräftiger Langtriebe größer (bis 15 cm), eiförmig bis dreieckig, verhältnismäßig kurzgestielt. <u>Blüten</u> (III, IV; vor dem Laubaustrieb): Zweihäusig verteilt. Tragblätter

Blatt mit dem langen, seitlich abgeplatteten Stiel (l); verblühte ♂ Kätzchen (r).

der Blüten zerschlitzt, dicht zottig bewimpert. ♂ in hängenden, dickwalzigen, bis 11 cm langen Kätzchen; anfangs rötlich, mit der Zeit verblassend. ♀ in ebenso langen Kätzchen, rötlich. <u>Früchte</u> (V, VI):

2klappig aufspringende Kapsel. Samen sehr klein, mit Haarschop. <u>Rinde:</u> Anfangs graugrün, lang glatt (Foto Seite 249); schwar. graue, längsrissige Borke. <u>Verbre. tung:</u> Europa, Nordafrika, Klein. asien, Sibirien. <u>Standort:</u> Von d. Ebene bis in mittlere Gebirgslage. (Alpen bis 2000 m); häufig a. Waldlichtungen, an Wald- u. Wegrändern, in aufgelassene. Steinbrüchen und Kiesgruben, Brachlandgebüschen; in Osteuro. pa auch waldbildend. Standor. tolerant, wächst auf Kalk- wie Si. katgestein; bevorzugt nicht z. nährstoff- und basenarme, frisch.

Zweig eines ♂ blühenden Baums; wie alle Weidengewächse ist auch die Zitterpappel zweihäusig.

Böden; besiedelt als Pionier ab. auch nährstoffarme, steinige, tro. kene Rohböden. Frostharte, wen. dürregefährdete, relativ tief wu. zelnde Lichtbaumart; starke Wu. zelsproßbildung. <u>Ähnliche A.</u> Graupappel (Seite 136).

<u>Hinweis:</u> Die seitlich abgeflac. ten, langen Blattstiele ermöglich. das sprichwörtliche Zittern d. Espenlaubes im Wind.

Zitterpappeln im Winter (oben); im Somme. (unten).

Graupappel

Populus canescens Sm.
(Weidengewächse)

Gestalt: Bis 35 m hoher Laubbaum; der Weißpappel ähnlich, meist noch raschwüchsiger als diese. Blätter: Wechselständig. Größe und Form veränderlich, 4–10 (15) cm lang; an Kurztrieben rundlich bis eiförmig, ungelappt, grob

Blick ins Geäst einer Graupappel.

stumpf gezähnt, an Langtrieben mehr oder weniger schwach gelappt; unterseits graufilzig, später oft verkahlend. Blüten: Wie Silberpappel. Früchte: Wie Silberpappel. Rinde: Foto Seite 249. Verbreitung: Mittel-, Südosteuropa,

Zweig einer Graupappel.

Westasien. Standort: Auwälder großer Flußniederungen. Häufig als Park- und Straßenbaum gepflanzt; relativ standorttolerant. Ähnliche Arten: Silberpappel (Seite 132), Zitterpappel (Seite 134). Hinweis: 1. Die Graupappel ist ein im Bereich des gemeinsamen Vorkommens beider Elternarten natürlich auftretender Hybrid zwischen Silber- und Zitterpappel. Sie ist sehr variabel, in den meisten Eigenschaften können alle Übergangsformen zwischen denen der Elternarten auftreten. 2. Wegen ihrer Raschwüchsigkeit werden häufig im Wald, in Flurgehölzen und Alleen verschiedene »Wirtschaftspappelsorten« angepflanzt. Meist handelt es sich um Kreuzungsprodukte zwischen der einheimischen Schwarzpappel und der nahe verwandten Nordamerikanischen Schwarzpappel *(Populus deltoides)*, die als Canadensis-Hybriden oder Euramericana-Bastarde (gelegent-

Zweig einer Euramericana-Bastardpappel.

lich auch als Kanadapappeln) bezeichnet werden. Die Unterscheidung einzelner Sorten (meist Klone) und ihre Abgrenzung zu den Elternarten ist schwierig.

Sommer- (oben) und Winterhabitus (unten) der Graupappel.

Salweide

Salix caprea L.
(Weidengewächse)

<u>Gestalt:</u> Kleiner, bis 12 m hoher Laubbaum oder großer Strauch. <u>Triebe:</u> Grünlich oder rotbraun, anfangs behaart, später kahl; Nacktes Holz striemenlos (Trieb entrinden!). <u>Blätter:</u> Wechselständig. Elliptisch mit kurzer, meist etwas verdrehter Spitze; 4–10 cm

♂ Blütenkätzchen.

Blätter.

lang, bis 5 cm breit; schwach gekerbt oder ganzrandig; oberseits anfangs behaart, später kahl, leicht glänzend; unterseits grau- bis blaugrün, weich behaart, Nervatur deutlich hervortretend. Stiel

Die Blattunterseite ist graugrün, die Nervatur tritt deutlich hervor.

1–2 cm lang, behaart; Nebenblätter unscheinbar. <u>Blüten</u> (III, IV; vor dem Laubaustrieb): Zweihäusig verteilt. Vielblütige, 2–4 cm lange Kätzchen; vor dem Aufblühen zunächst mit silbrig seidigem Pelz (»Palmkätzchen«). ♂ Kätzchen eiförmig, je Blüte 2 goldgelbe Staubblätter; ♀ Kätzchen länglich eiförmig, grünlich, nach der Blüte verlängert. Wertvolle Bienenwei-

de. <u>Früchte</u> (V, VI): Länglich, 2klappig aufspringende Kapsel; Samen sehr klein, mit Haarschopf. <u>Rinde:</u> Anfangs grau, glatt, mit großen, rautenförmigen Korkwarzen; Borke längsrissig. <u>Verbreitung:</u> Europa, Sibirien, Klein-, Mittel-, Ostasien. <u>Standort:</u> Von

Reife Fruchtstände; die kleinen Samen sind mit einem Haarschopf versehen, wodurch sie vom Wind über sehr große Entfernungen verbreitet werden können.

der Ebene bis ins Gebirge (Alpen bis 2000 m). Wald- und Wegränder, Pionierbaumart auf Waldlichtungen und auf Brachland, eben in Kiesgruben und Steinbrüche, feuchte bis ziemlich trockene, nährstoffreiche Böden, auch auf humusarmen Rohböden. Lichtbaumart. <u>Ähnliche Art:</u> Aschweide (Seite 140).

Vor dem Aufblühen sind die Kätzchen in einem dicht zottigen, silberweißen Pelz (»Palmkätzchen«) gehüllt (oben); dicht und unregelmäßig verzweigte Salweide (unten).

Silberweide

Salix alba L.
(Weidengewächse)

Gestalt: Bis 28 m hoher Laubbaum. Blätter: Wechselständig.
Lanzettlich, lang zugespitzt;

Zweig der Silberweide.

5–10 cm lang; fein gesägt; beidseitig oder nur unterseits dicht anliegend silbrig seidig behaart. Nebenblätter klein, fallen früh ab. Blüten
(IV, V; mit dem Laubaustrieb):

Die ♂ Blütenkätzchen der Silberweide stehen
an beblätterten Stielen.

Zweihäusig verteilt. Kätzchen gestielt, 3–6 cm lang, schlank. Rinde:
Borke grob längsrissig (Foto Sei-

Winterzweige der normalen Silberweide (l)
und der Trauer-Silberweide (r).

te 249) Verbreitung: Europa, Westsibirien, West-, Südwestasien,
Nordafrika. Standort: Somme...
warme Tieflagen; meist an Gewä...
sern; dominierender Baum des S...
berweidenwaldes (Weichholzau...
Wechselfeuchte, basen- und näh...
stoffreiche, meist kalkhaltige, sa...
dig kiesige Ton- oder Schlickbö...
den. Ähnliche Art: Bruchweid...
(Seite 144).

Hinweis: Ein beliebter Zierbau...
ist die Trauer-Silberweide *(S. alb...
ssp. vitellina 'Tristis')* mit gelbe...
schlaff hängenden Zweigen.

Aschweide

Salix cinerea L.
(Weidengewächse)

Gestalt: Strauch, gelegentli...
niedriger Baum. Triebe: Schwar...
grau, samtig behaart; das nack...
Holz mit Längsstriemen (Trie...
entrinden!). Blätter: Wechselstä...
dig. Elliptisch; 6–10 cm lang, spit...
fein gesägt oder ganzrandig; obe...
seits stumpfgrün, unterseits gra...
grün, samtig behaart. Blüten: W...
Salweide; Staubbeutel vor de...

Aschweide: Winterzweige (links) und ♂
Blütenkätzchen (rechts).

Aufblühen oft ziegelrot. Verbre...
tung: Europa, Westsibirien. Stan...
ort: Weidengebüsche auf nasse...
bis wechselfeuchten Böde...
Moorränder, Erlenbrüche, Bach...
ufer, Feuchtwiesen. Ähnliche Ar...
Salweide (Seite 138).

Silberweide: Trauerform (oben) und normale
Wuchsform (unten).

Korbweide

Salix viminalis L.
(Weidengewächse)

Gestalt: Bis 10 m hoher Laubbaum oder Strauch mit langen, rutenförmigen Zweigen; oft zur Kopfweide beschnitten. Blätter: Wechselständig. Schmal lanzettlich, lang

Gipfeltrieb der Korbweide.

zugespitzt; bis 20 cm lang und bis 2 cm breit; Rand umgerollt, wellig, meist ganzrandig; unterseits seidig schimmernd behaart, Haupt- und Seitennerven stark hervortretend;

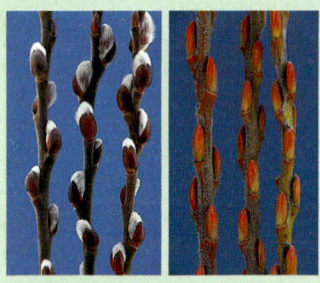

Nach dem Abfallen der Knospenschuppen sind die Blütenkätzchen der Korbweide zunächst dicht seidig behaart (l); Winterzweige der Lavendelweide (r).

Nebenblätter früh abfallend. Blüten (III, IV; kurz vor dem Laubaustrieb): Zweihäusig verteilt. Kätzchen etwa 3 cm lang, zylindrisch; vor dem Aufblühen zunächst silbrig seidig behaart. Staubbeutel gelb; Griffel und Narbenäste der ♀ Blüte langfädig, blaßgelb. Verbreitung: Europa. Standort: Meist in Tieflagen; Weg-

ränder, Auengebüsche, Bach- un Flußufer, an Wassergräben. Wec selfeuchte, basen- und nährsto reiche, meist kalkhaltige Böde Pionierholzart. Zur Gewinnu von Ruten (Bind- und Flechtwer weit verbreitet gepflanzt. Ähnlic Art: Lavendelweide.

Lavendelweide

Grauweide
Salix eleagnos Scop.
(Weidengewächse)

Gestalt: Bis 20 m hoher Laubbau oder hoher Strauch. Blätter: W Korbweide; aber im Durchschn kleiner (bis 12 cm lang), oft z Spitze hin fein gesägt; unterse

Lavendelweide: Zweig (l); die Blattunterseit (r) ist matt graufilzig behaart.

dicht grau- bis weißfilzig behaa nicht schimmernd, sondern ma Blüten (IV, V; kurz vor oder n dem Laubaustrieb): Zweihäus verteilt, Kätzchen schlank, mei gekrümmt; ♂ bis 3 cm lang, ♀ b 5 cm lang; die 2 Staubfäden der Blüte im unteren Teil miteinand verwachsen. Verbreitung: Gebir Mittel- und Südeuropas, Kleinas en. Standort: Pionierweidengeb sche der Ufer- und Schotterbän von Gebirgs- und Vorgebirgsflü sen. Wechselfeuchte bis trocker meist kalkhaltige Böden. Ähnlic Art: Korbweide.

Junge Korbweiden (oben); Korbweiden bild nach Beschnitt zur Gewinnung von Flecht material immer wieder eine dichte Krone (unten).

142

Purpurweide

Salix purpurea L.
(Weidengewächse)

Gestalt: Strauch, gelegentlich bis 10 m hoher Laubbaum; Zweige dünn, rutenförmig, straff aufgerichtet. Triebe: Braun bis rot, kahl. Blätter: Wechselständig, aber auch gegenständig. Lanzettlich, kurz zugespitzt, größte Breite im vorderen

Purpurweide: rotbraune Winterzweige (l); Blätter (r).

Drittel; 4–12 cm lang, bis 1,5 cm breit; zur Spitze hin fein gesägt; beidseitig kahl; unterseits blau- bis graugrün; stets ohne Nebenblätter. Blüten (III, IV; vor oder mit dem Laubaustrieb): Zweihäusig verteilt. Kätzchen zylindrisch,

♂ Blütenkätzchen der Purpurweide.

1,5–4,5 cm lang, oft gegenständig. ♂ Blüte mit 2 Staubblättern, die beiden Staubfäden völlig miteinander verwachsen, dadurch scheinbar nur 1 Staubblatt. Staubbeutel vor dem Stäuben purpurrot, dann gelb. Verbreitung: Europa, weite Teile Asiens, Nordafrika. Standort: Von der Ebene bis in die

subalpine Region (hier: *ssp. gre...lis*); Wegränder, Ufer-, Auengebü..sche. Pionier auf wechselfeuch... Kies-, Sand- oder Schlickböden.

Bruchweide

Knackweide
Salix fragilis L.
(Weidengewächse)

Gestalt: Bis 20 m hoher Lau...baum; oft zur Kopfweide ... schnitten. Triebe: Kahl, glänze... gelbbraun. Brechen an den V... zweigungsstellen mit knackende... Geräusch leicht ab (Name!). Bl...ter: Wechselständig. Lanzettli... lang zugespitzt; bis 17 cm lang, ... 4 cm breit; gesägt; oberse... schwach glänzend dunkelgr...

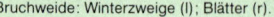

Bruchweide: Winterzweige (l); Blätter (r).

unterseits hellgrün bis bläuli... beidseitig kahl; Nebenblätter fr... abfallend. Blüten (III–V; mit de... Laubaustrieb): Zweihäusig v...teilt. Kätzchen gestielt, schlank, ... 6 cm lang. Verbreitung: Euro... Westsibirien, Südwestasien. Stan...ort: Fluß- und Bachauen. Wec... sel- bis dauernd feuchte, nährsto... reiche, meist kalkarme Böde... Ähnliche Art: Silberweide (S... te 140); mit dieser oft Bastardb... dung (= *Salix x rubens*).

♀ Purpurweide zur Zeit der Verbreitung d... »Samenwolle« (oben); meist wächst die P... purweide als Strauch mit vielen dünnen, st... aufwärts gerichteten Zweigen.

Reifweide

Salix daphnoides Vill.
(Weidengewächse)

Gestalt: Bis 15 m hoher Laubbaum. Triebe: Meist glänzend rot,
stellenweise abwischbar bläulich-
weiß bereift (Name!). Blätter:
Wechselständig. Lanzettlich, spitz;

Zweig der Reifweide.

4–10 cm lang, bis 2,5 cm breit; fein
gesägt; anfangs fein behaart, später kahl; oberseits glänzend dunkelgrün, unterseits matt grau- bis
blaugrün. Nebenblätter klein, mit

Reifweide: Die Zweige sind stellenweise abwischbar bläulich bereift (l); jüngere Triebe oft
glänzend rot (r).

dem Blattstiel verwachsen. Blüten
(III, IV; vor dem Laubaustrieb):
Zweihäusig verteilt. Kätzchen vor
dem Aufblühen mit silbrig seidigem Pelz; 2–5 cm lang, zylindrisch. Rinde: Borke hellgrau,
schwach längsrissig (Foto Seite 249). Verbreitung: Europa.
Standort: Gebirge bis in die subalpine Stufe; Bach- und Flußauen.
Nasse, nährstoffreiche, tonige
Kies- und Sandböden; in Tieflagen oft gepflanzt.

Lorbeerweide

Salix pentandra L.
(Weidengewächse)

Gestalt: Bis 15 m hoher Lau
baum. Triebe: Meist stark glänzer
rotbraun. Blätter: Wechselständi

Lorbeerweide: Zweig mit reifenden Fruchtständen (l); Blatt, am Stiel kleine Drüsen (r

derb. Breit lanzettlich bis elli
tisch, spitz; 5–10(15) cm lar
2–4 cm breit; völlig kahl; am Ra
fein drüsig gesägt, Drüsen klebri
oberseits glänzend dunkelgrü
unterseits matt hellgrün. Blattst
mit Drüsen; meist ohne Nebe
blätter. Blüten (V, VI; nach de
Laubaustrieb): Zweihäusig ve
teilt. Kätzchen an belaubten Sti
len, zylindrisch, 2–5 cm lang;
Blüte mit 5–8 Staubblättern. Ve

Lorbeerweide: glänzende, gelegentlich bra
grüne Triebe, häufiger aber rotbraun (l); re
langgestielter Fruchtstand (r).

breitung: Europa, bis Kaukas
Sibirien. Standort: Auengebüsch
Erlenbruchwälder, Moore. Nas
Torf- oder sandig kiesige Tonb
den. Beliebtes Ziergehölz.

Hängebirke

Sand-, Weiß-, Warzenbirke
Betula pendula Roth
(Birkengewächse)

Reifende Fruchtzäpfchen.

Gestalt: Raschwüchsiger, bis 30 m hoher Laubbaum mit ovaler Krone; Äste spitzwinklig ansteigend, Zweigspitzen mehr oder weniger ausgeprägt schlaff herabhängend. Triebe: Kahl, glänzend rotbraun,

Wipfel mit schlaff hängenden Zweigspitzen.

mit zahlreichen warzigen Drüsen, anfangs klebrig. Blätter: Wechselständig. Stiel 1,5–3 cm lang, kahl; Spreite dreieckig bis rautenförmig, lang zugespitzt, 4–7 cm lang, doppelt gesägt; anfangs meist etwas

Die Triebe sind kahl und dicht mit hellen, warzigen Drüsen besetzt (l); Blatt (r).

klebrig, kahl. Blüten (IV, V; mit dem Laubaustrieb): Einhäusig verteilt. ♂ in ungestielten, hängenden, braungelben, länglich walzenförmigen Kätzchen, die bereits im Sommer des Vorjahres erscheinen, zur Blütezeit bis 10 cm lang. ♀ in gestielten, 2–4 cm langen, schlanken, grünen Kätzchen, zur Blüte-

zeit aufrecht, später hängen. Früchte (VII–IX): Kleine, zweiseitig geflügelte Nüßchen, jeder Flügel etwa 2–3mal so breit wie d Nüßchen. Früchte sitzen zwische 3lappigen Fruchtschuppen braunen, dickwalzigen Zäpfche die reif am Baum zerfallen. Rind Anfangs glänzend weiß, blätte mit feinen, papierenen Querstre fen ab; frühe Bildung ein schwärzlichen, rissigen, hart Borke (Foto Seite 249). Verbre tung: Europa, Sibirien, Kleinasie Kaukasus, Nordpersien. Stando Meist im Tiefland, seltener im G birge (Alpen bis 1800 m); lich Laub- und Nadelwälder, Waldrä der, Moore, Heiden, Brachfläche Anspruchslos, standorttolera durch die Konkurrenz ander Baumarten meist auf feucht oder trockenen, nährstoffarme sauren Böden, häufig auf San Frostharte, nicht sehr tief wurzel de Licht- und Pionierbauma Weit verbreitet als Park- und A leebaum. Ähnliche Art: Moorb ke (Seite 150).

Hinweis: Siehe Hinweis auf S te 150.

Birkenallee im Herbs

148

Moorbirke

Haarbirke
Betula pubescens Ehrh.
(Birkengewächse)

Gestalt: Mittelgroßer, bis 20 m hoher Laubbaum mit ovaler Krone; Äste starr spitzwinklig bis waagerecht abstehend, Zweigspitzen nicht oder kaum hängend. **Triebe:** Zur Spitze hin dicht samtig behaart, später verkahlend; keine oder nur wenige Warzen. **Blätter:** Wechselständig, relativ derb. Stiel 1–2,5 cm lang, zumindest anfangs

Blätter und reifende Fruchtzäpfchen.

behaart; Spreite ei- bis rautenförmig, Ecken gerundet, in der Regel kürzer zugespitzt als bei der Hängebirke, 3–5 cm lang, einfach bis doppelt gesägt; oberseits mehr oder weniger kahl, unterseits zunächst flaumig behaart, später bis auf die Nervenwinkel verkahlend. **Blüten:** Wie Hängebirke. **Früchte** (VII–IX): Kleine, zweiseitig geflü-

Die Blüten erscheinen zusammen mit den Blättern; hier ♂ Kätzchen.

gelte Nüßchen, jeder Flügel mei nicht viel breiter als das Nüßchen Früchte sitzen zwischen 3lappige Fruchtschuppen in braunen, dic walzigen Zäpfchen, die reif a Baum zerfallen. **Rinde:** Anfang matt weiß (meist nicht so hell w bei der Hängebirke), blättert m feinen, papiérenen Querstreifen a (Foto Seite 249); Borke riss schwärzlich, hart, bildet sich spät als bei der Hängebirke. **Verbre tung:** Mittel-, West-, Nordeurop Sibirien, Kaukasus. **Standort:** V der Ebene bis ins Gebirge (Alpe bis 2000 m); Moor- und Bruchwä der, nahe der Waldgrenze auch i subalpinen Lärchen-Zirbenwäl bildet in Sibirien auf großen Flä chen reine Bestände. Noch a spruchsloser als die Hängebirk besiedelt feuchte bis staunass nährstoff- und basenarme, sau humose Sand- und Moorböde meidet lufttrockene Lagen. Fros harte, ziemlich flach wurzelne Licht und Pionierbaumart. Ähn che Art: Hängebirke (Seite 148). **Hinweis:** Hänge- und Moorbir bastardieren miteinander, w durch schwer bestimmbare Übe gangsformen auftreten können.

Eine Gruppe junger Moorbirken an ihrem natürlichen Standort.

Schwarzbirke

Flußbirke
Betula nigra L.
(Birkengewächse)

Gestalt: Bis 30 m hoher, meist mehrstämmiger Laubbaum. Blätter:Wechselständig. Stiel 7–17 mm lang, behaart; Spreite ei- bis rautenförmig, kurzspitzig, 3–9 cm lang, grob doppelt gesägt, 6–9 Paar Seitennerven; oberseits glänzend grün, unterseits graugrün bis grauweiß, mehr oder weniger behaart.

Schwarzbirke, Blatt und Rinde.

Rinde: Rotbraun, von jüngeren Stämmen und Ästen blättern große, krause Fetzen ab; Borke schwärzlich (Name!), rissig. Verbreitung: Östliche USA; dort an Flußufern und in Sümpfen. In Mitteleuropa winterharter Parkbaum.

Papierbirke

Betula papyrifera Marsh.
(Birkengewächse)

Gestalt: Bis 40 m hoher Laubbaum. Blätter: Wechselständig. Stiel 1,5–2,5 cm lang, behaart; Spreite eiförmig, spitz, 5–10 cm lang, grob doppelt gesägt, 6–9 Paar Seitennerven; oberseits stumpfgrün; unterseits gelbgrün; anfangs beidseitig behaart, später verkahlend. Rinde: Glatt, blendend weiß, gelegentlich auch orangefarben oder bräunlich, blättert mit feinen Querstreifen ab; nur am Fuße alter Stämme dunkle, rissige Borke.

Papierbirke, Blatt und Rinde.

Verbreitung: Nördliches Nordamerika. In Mitteleuropa winterharter Parkbaum.

Zuckerbirke

Betula lenta L.
(Birkengewächse)

Gestalt: Bis 25 m hoher Laubbaum. Blätter: Wechselständig. Spreite länglich eiförmig, spitz 6–13 cm lang, Basis oft herzförmig, doppelt gesägt, 9–13 Paar Seitennerven; oberseits glänzend

Zuckerbirke, Blatt und Rinde.

grün, unterseits mattgrün. Rinde Glatt, glänzend dunkelrotbraun, nicht abblätternd, aromatisch duftend; Borke schwärzlich, rissig. Verbreitung: Östliches Nordamerika. In Mitteleuropa winterhart Parkbaum.

Schwarzbirken sind meist mehrstämmig

Maximowicz-Birke

Betula maximowicziana Reg.
(Birkengewächse)

Gestalt: Bis 30 m hoher Laubbaum. Blätter: Wechselständig. Stiel 2–4 cm lang; Spreite herz- bis eiförmig (lindenartig), spitz, sehr groß (8–15 cm lang, 5–10 cm breit), ungleich gesägt bis gezähnt,

Maximowicz-Birke, Blatt und Rinde.

9–12 Paar Seitennerven, jeder dieser Nerven mündet am Blattrand in einen verlängerten Zahn. Herbstfärbung goldgelb. Rinde: Anfangs dunkelbraun, später weiß bis grau oder orangegrau, blättert mit feinen Querstreifen ab. Verbreitung: Japan. In Mitteleuropa winterharter Parkbaum.

Ermans-Birke

Betula ermanii Cham.
(Birkengewächse)

Gestalt: Bis 20 m hoher Laubbaum. Blätter: Wechselständig. Stiel drüsig, 1–2,5 cm lang; Spreite

Ermans-Birke, Blatt und Rinde.

dreieckig bis eiförmig mit rund⌐ quer abgeschnittener oder herzf⌐ miger Basis und ausgezogen⌐ Spitze, 5–10 cm lang, grob gesä⌐ bis gezähnt, 7–11 Paar Seitenne⌐ ven. Rinde: Glatt, gelbweiß, rö⌐ lich oder reinweiß, blättert mit f⌐ nen Querstreifen ab. Verbreitun⌐ Nordostasien; Japan. In Mittele⌐ ropa winterharter, mitunter etw⌐ spätfrostgefährdeter Parkbaum.

Rote China-Birke

Betula albosinensis Burk. var. septentrionalis
(Birkengewächse)

Gestalt: Bis 20 m hoher Lau⌐ baum. Blätter: Wechselständ⌐ Stiel 5–15 mm lang; Spreite län⌐ lich eiförmig, mit ausgezogen⌐ Spitze, 5–9 cm lang (mitunter de⌐ lich länger), doppelt gesä⌐

Rote China-Birke, Blatt und Rinde.

10–14 Paar unterseits seidig b⌐ haarte Seitennerven. Rinde: Gla⌐ orangefarben bis rotbraun; blätte⌐ mit feinen Querstreifen ab. Ve⌐ breitung: Mittel- und Westchin⌐ In Mitteleuropa winterharter Par⌐ baum.

Maximowicz-Birke in einem Park

Schwarzerle

Roterle
Alnus glutinosa Gaertn.
(Birkengewächse)

Gestalt: Bis 25 (35) m hoher Laubbaum; Stamm gerade, weit in die
ovale Krone reichend; oft vielstämmig. Triebe: Kahl. Blätter:
Wechselständig. Stiel 2–3,5 cm
lang; Spreite rundlich bis verkehrt
eiförmig, 4–10 cm lang, vorne
rund, gestutzt oder eingebuchtet,

Die (hier reifen) Fruchtstände sind gestielt.

Zweig.

doppelt gesägt, anfangs klebrig,
5–8 Paar Seitennerven; unterseits
nur in den Nervenwinkeln behaart. Blüten (III, IV; vor dem
Laubaustrieb): Einhäusig verteilt;
♂ und ♀ Blütenstände erscheinen
schon im Sommer vor der Blüte.

Die Knospen sind bräunlich violett, oft klebrig
und deutlich gestielt (l); in der Regel hat das
Blatt 5–8 Paar Seitennerven (r).

♂ Kätzchen 6–12 cm lang, zur
Blütezeit schlaff hängend. ♀ in
kleinen, rotbraunen, gestielten
Zäpfchen. Früchte (IX, X): Kleine, flache, schmal geflügelte Nüß-

chen in gestielten, eiförmige
1–2 cm großen, braunen, holzig
Zäpfchen; diese bleiben meist de
Winter über am Baum. Rinde: A
fangs glatt, glänzend graubrau
frühe Bildung einer dunkelgrau
bis schwarzbraunen, rissig
Schuppenborke (Foto Seite 25
Verbreitung: Europa, Kaukas
Sibirien, Nordafrika. Stando
Tieflagen, seltener in der mont
nen Stufe; Bach- und Flußuf
feuchte Laubwälder, vor allem A
und Erlenbruchwälder. Bevorzu
auf staunassen oder zeitwei
überfluteten, tiefgründigen, me
kalkarmen, nährstoff- und hum
reichen Böden. Frostharte, dür
empfindliche, tief und intens
wurzelnde Lichtbaumart. Ähn
che Art: Grauerle (Seite 158).
Hinweis: Die 3 einheimischen E
lenarten leben in Symbiose n
»Strahlenpilzen« *(Actinomycete*
die zur Bindung von Luftstickstc
befähigt sind. Ort dieser Lebensg
meinschaft sind knöllchenarti
Wucherungen an den Wurzeln; s
ermöglichen unter Erlenbesto
kung eine nachhaltige Bodenve
besserung.

Aus Stockausschlägen gewachsene
Schwarzerlen werden meist mehrstämmig.

Grauerle

Alnus incana Moench
(Birkengewächse)

Gestalt: Mittelgroßer, bis 15 (25) m hoher, meist mehrstämmiger Laubbaum. Triebe: Anfangs flaumig, später verkahlend. Blätter: Spreite breit elliptisch, spitz, nicht klebrig, 8–14 Paar Seitennerven;

Grauerle: Blattoberseite (l); graugrüne Blattunterseite (r); die Blätter haben (im Unterschied zur Schwarzerle) 8–14 Paar Seitennerven.

unterseits graugrün, mehr oder weniger bleibend behaart. Sonst wie Schwarzerle. Blüten (II–IV; vor dem Laubaustrieb, meist vor der Schwarzerle): Wie Schwarzerle; aber ♀ Blütenzäpfchen sitzend oder an kurzen, behaarten Stielen.

Blüte der Grauerle: schlaff hängende, lange ♂ Kätzchen und unscheinbar kleine, sitzende, rotbraune ♀ Zäpfchen.

Früchte: Wie Schwarzerle; aber Zäpfchen etwas kleiner, sitzend bis kurzgestielt. Rinde: Glatt, silbergrau, kaum Borkenbildung (Foto Seite 250); Stämme oft spannrückig. Verbreitung: Nord-, Mittel-, Osteuropa, Kaukasus. Standort: In Mitteleuropa im montanen Be-

reich (500–1500 m); Auwälder d Gebirgsflüsse und -bäche, Han vernässungen. Feuchte bis sicke nasse, gelegentlich überflute meist nährstoffreiche, kalkhalti Böden; meidet im Gegensatz z Schwarzerle Staunässe, ertr aber mehr Trockenheit. Frosthar intensiv wurzelnde Licht- und Pi nierbaumart, reichlich Wurze sproßbildung. Ähnliche Arte Schwarzerle (Seite 156), Grüner Hinweis: Siehe Hinweis Seite 15

Grünerle

Alnus viridis DC.
(Birkengewächse)

Gestalt: Bis 3 m hoher Strauc Blätter: Wie Grauerle; aber a fangs klebrig, unterseits hellgrü bis auf die Nervenwinkel ka

Grünerle: Zweig mit vorjährigen und junge grünen Fruchtzäpfchen (l); ♂ Blütenkätzch und (links daneben) kleine ♀ Blütenstände

Verbreitung: Gebirge Mittel- u Südosteuropas. Standort: B standsbildend im subalpine Knieholz (1500–2200 m, vor alle im zentralalpinen Silikatbereic vereinzelt auch tiefer an Wegb schungen, Bachufern, auf Weide in Lawinenzügen. Frische b feuchte, nährstoffreiche, me kalkarme Böden. Ähnliche A Grauerle.
Hinweis: Siehe Hinweis Seite 15

Hainbuche

Weißbuche, Hagebuche
Carpinus betulus L.
(Birkengewächse)

Gestalt: Bis 25 m hoher Laubbaum mit dichter, rundlicher Krone. Blätter: Wechselständig, zweizeilig angeordnet. Stiel 5–15 mm lang; Spreite faltig, eiförmig elliptisch,

Zweig mit Fruchtständen.

spitz, Basis abgerundet bis schwach herzförmig, 5–11 cm lang, doppelt gesägt; oberseits dunkelgrün, kahl; unterseits heller, in den Winkeln der stark hervortretenden Nerven behaart; Seitennerven zum Blattrand hin nicht

Stamm mit der typischen Spannrückigkeit und der grauen, glatten Rinde (l); Blatt (r).

verzweigt. Blüten (V, VI; mit dem Laubaustrieb): Einhäusig verteilt. ♂ in reichblütigen, schlaff hängenden, 4–7 cm langen Kätzchen, Einzelblüte ohne Blütenhülle, mit 6–12 Staubblättern. ♀ in endständigen, 2–3 cm langen, lockerblütigen Kätzchen, Einzelblüte mit unscheinbarer Blütenhülle und 2 fa-

denförmigen Narben. Früchte (X): In lockeren, bis 15 cm langen, hängenden Fruchtständen. Nüßch am Grunde einer 3lappigen Hül abgeflacht eiförmig, einsam

♂ Blütenkätzchen vor der Blüte (l); Fruchtstand (r), die Nüsse sitzen versteckt am Grunde eines dreilappigen Blattorgans.

hart, längsgerippt, 5–10 mm la anfangs grün, später braun. Abf der Früchte von Herbst bis zu Frühjahr. Rinde: Glatt, grau, äh lich der Rotbuche, doch im Unt schied zu dieser Stamm spannrü kig (mit Längswülsten und F chen); später seicht rissig, kau Borkenbildung. Verbreitung: E ropa, Kleinasien, Kaukas Nordpersien. Standort: Tieflag mit sommerwarmem Klima, Gebirge kaum über 800 m; Lau mischwälder (Eichen-Hainb chenwald, Hartholzaue), Wa und Wegränder, Gebüsche. Beve zugt frische bis feuchte, nährsto und basenreiche, tiefgründige, le mige Böden; tief wurzelnde Ha schattbaumart; häufig in Par beliebte Heckenpflanze, da reg mäßiger Rückschnitt gut vertrag wird (große Ausschlagsfähigke auch aus dem Stock). Ähnlic Art: Hopfenbuche (Seite 162).

Baumhasel

Corylus colurna L.
(Birkengewächse)

Gestalt: Bis 20 m hoher, geradstämmiger Laubbaum mit dichter,
kegelförmiger Krone. Blätter: Wie
Haselnuß; Spreite meist aber etwas größer (7–15 cm lang), Stiel

Blätter der Baumhasel.

♀ Blütenstände der Baumhasel.

2–6 cm lang. Blüten: Wie Haselnuß. Früchte (IX, X): In Büscheln;
Nüsse annähernd so breit wie
lang, umgeben von einer Hülle, die
tief in viele längliche, die Nuß
überragende Zipfel zerschlitzt ist;

Fruchtstand der Baumhasel; die Nüsse sind
völlig eingehüllt von den zerschlitzten
Fruchthüllen.

Samen eßbar. Rinde: Frühe B
dung einer grauen, rauhschup
gen Borke. Verbreitung: Südoste
ropa bis Westasien. In Mitteleur
pa Park- und Straßenbaum. Stan
ort: Wärmeliebende Eichenmisc
wälder. Winterhart. Ähnliche A
ten: Haselnuß (S. 164).

Hopfenbuche

Ostrya carpinifolia Scop.
(Birkengewächse)

Gestalt: Bis 20 m hoher Lau
baum. Blätter: Wie Hainbuch
aber mitunter einige Seitennerv
zum Blattrand hin verzweigt. B
ten (IV, V; mit dem Laubaustrie
Wie Hainbuche, aber ♂ Kätzch
erscheinen bereits im Sommer d
Vorjahres, blühend bis 12 cm lan
Früchte (VII, VIII): In hängende
hopfenähnlichen Fruchtstände
Nuß von einer sackförmig

Hopfenbuche: Blatt (l); Fruchtstand (r).

Fruchthülle umschlossen. Rin
Anfangs glatt, grau (Foto Se
250). Dunklere, rissige, schup
abblätternde Borke. Verbreitu
Südost-, Südeuropa, nördlich
zu den Südalpen, Kleinasi
Standort: Submediterrane La
misch- und Buschwälder (häu
mit Flaumeiche, Blumenesch
auf Kalk- wie Silikatgestein
wärmeliebend. Ähnliche A
Hainbuche (Seite 160).

Baumhasel (oben); Zweig der Hopfenbuch
zur Fruchtzeit (unten).

Haselnuß

Corylus avellana L.
(Birkengewächse)

Gestalt: Bis 6 m hoher Strauch, oder kleiner Baum. Blätter: Wechselständig. Stiel drüsig behaart, 5–15 mm lang; Spreite rundlich bis breit verkehrt eiförmig, zuge-

Zweig der Haselnuß.

spitzt, Basis herzförmig, 6–13 cm lang (an kräftigen Schößlingen oft größer), doppelt gesägt bis schwach gelappt. Blüten (II–IV; vor dem Laubaustrieb): Einhäusig verteilt. ♂ in hängenden Kätzchen, die schon im Sommer des Vorjahres erscheinen. ♀ Blütenstände klein, ähneln Laubknos-

Haselnuß: Blatt (l); ♂ Blütenkätzchen und ein knospenförmiger ♀ Blütenstand (r).

pen, aber mit fädigen, roten Narben. Früchte (VIII–X): Einsamige Nüsse; umgeben von einer zerschlitzten, becherförmigen Hülle; diese aus 2 getrennten Lappen gebildet, etwa so lang wie die Nuß; Samen eßbar, ölreich. Rinde: Glatt, braungrau, oft etwas glänzend; später seicht rissig, keine Borke (Foto Seite 250). Verbreitung: Europa, Kleinasien, Kauka-

Fruchtstand der Haselnuß.

sus. Standort: Von der Ebene b ins Gebirge, gelegentlich bis die subalpine Stufe; Laub- ur Buschwälder, Wald- und Wegrä der, Hecken. Frische, tiefgründig nährstoffreiche, lehmige Böde flach wurzelnde Halbschattbaur art; verbreitet kultiviert. Ähnlich Arten: Baumhasel (Seite 16. Lambertshasel.

Lambertshasel

Corylus maxima Mill.
(Birkengewächse)

Unterschiede zur Haselnuß: Blatter: Meist größer. Früchte: Hü röhrenförmig, geschlossen od einseitig gespalten, länger als c Nuß, über dieser meist veren Verbreitung: Südosteuropa, Klei asien. In Mitteleuropa kultivie Ähnliche Art: Haselnuß.

Bluthasel.

Hinweis: Die »Bluthasel« ist ei rotblättrige Form der Lambertsh sel mit dunkelroten Blättern u Fruchthüllen.

Blühende Haselnuß (oben); Korkenzieher hasel, Zierform der Haselnuß (unten).

Rotbuche

Fagus sylvatica L.
(Buchengewächse)

<u>Gestalt:</u> Bis 40 m hoher Laub-
baum; im Freistand kurzstämmig
mit weit ausladender Krone; im
geschlossenen Bestand dagegen
langer, astfreier, säulenförmiger
Schaft und eine schmale Krone.
<u>Blätter:</u> Wechselständig, zweizeilig
angeordnet. Stiel 1–1,5 cm lang;
Spreite eiförmig bis elliptisch,
spitz, 5–10 (15) cm lang, 5–9 Paar
Seitennerven; Blattrand schwach

Zweig der Rotbuche.

wellig, ganzrandig oder mitunter
stumpf gezähnelt; anfangs seidig
behaart, später verkahlend. <u>Blüten</u>
(Ende IV, V; mit dem Laubaustrieb): Einhäusig verteilt. ♂ in
langgestielten, schlaff hängenden,
reichblütigen Knäueln; jede Blüte
mit 5–15 Staubblättern; ♀ zu je 2

Spindelförmig schlanke Winterknospen (l) und
Blatt.

in aufrechten, kurzgestielten, filzi-
gen Köpfchen. <u>Früchte</u> (IX, X): Je
2 scharf dreikantige, 1–2 cm lange,
braune Nüßchen (Bucheckern) in
einem braunen, verholzten, weich-

Die Blüte der Rotbuche, hier die ♂ Blütenstände, fällt in die Zeit der Blattentfaltung.

stacheligen Fruchtbecher (Kup-
la), der sich zur Reifezeit m
4 Klappen öffnet. <u>Rinde:</u> Silbe
grau, bis ins hohe Alter glatt; kein
oder nur ausnahmsweise Borke
bildung; Stamm nicht spannrück
(Foto Seite 250). <u>Verbreitung:</u> M

Langgestielte, hängende ♂ (l) und aufrechte ♀ Blütenstände (r) kurze Zeit nach d
Blüte.

tel-, West- und Südeuropa. <u>Stan</u>
<u>ort:</u> Weit verbreitet in Laubmisc
und reinen Buchenwäldern v
der Ebene bis ins Gebirge (Alp
bis 1600 m), bevorzugt im Berei
feuchten und wintermilden (oze
nisch getönten) Klimas. Wuc
optimum in der unteren Bergst
auf frischen, mittel- bis tiefgrün
gen, lockeren, nährstoff- und ka
haltigen Böden; gedeiht aber au
auf kalkarmen, sauren Subst
ten. Empfindlich gegen Dür

Fortsetzung Seite 168

Durch freien Stand breitkronige Rotbuche
drei Jahreszeiten.

Rotbuche (Fortsetzung)

Staunässe, Überflutung, Spät- und
extreme Winterfröste; tief wurzelnde Schattbaumart. Im mittel-
europäischen Klima von Natur
aus der konkurrenzstärkste Waldbaum. <u>Ähnliche Art:</u> Orientbuche.

Die verholzten, stacheligen Fruchtbecher
nach dem Ausfall der Bucheckern.

<u>Hinweis:</u> Von der Rotbuche gibt es
zahlreiche Ziersorten. In Parks
und Gärten häufig sind: Blutbuche *('Purpurea'),* Sammelbegriff
für Formen mit mehr oder weniger
intensiv dunkelrot gefärbten Laubblättern; Trauerbuche *('Pendula'),*
Zweige hängend, Triebspitzen oft
den Boden berührend.

Zweig einer Blutbuche.

Orientbuche

Fagus orientalis Lipsky
(Buchengewächse)

<u>Gestalt:</u> In Mitteleuropa bis 20 r
in seiner Heimat bis 40 m hoh
Laubbaum; meist schmalkronig
als die Rotbuche. <u>Blätter:</u> W
Rotbuche; aber im Durchschni
etwas größer, größte Breite obe
halb der Mitte; Stiel ebenso w
die Unterseite der 7–12 Paar Se
tennerven mehr oder weniger ble
bend behaart. <u>Früchte:</u> Wie Ro
buche; aber die basalen Schu

Orientbuche: Blatt, im Vergleich zur Rotbuc
größer und mit mehr Seitennerven (l); reifer
Frucht (r).

penborsten des Fruchtbechers sp
telig verbreitet, blattartig. <u>Verbre</u>
<u>tung:</u> Südosteuropa, Kleinasie
Nordpersien, Kaukasus. In Mitte
europa winterharter Parkbaur
<u>Ähnliche Art:</u> Rotbuche (Se
te 166).

Blutbuche (oben); Rotbuchenbestand
(unten).

Edelkastanie

Castanea sativa Mill.
(Buchengewächse)

<u>Gestalt:</u> Bis 30 m hoher, breitkroniger Laubbaum. <u>Blätter:</u> Wechselständig. Derb; Stiel 1–2,5 cm lang; Spreite schmal elliptisch bis lanzettlich, spitz, 10–25 cm lang,

♂ Blütenkätzchen (l); die ♀ Blüten sind vo einem schuppig beblätterten Fruchtbecher umschlossen, nur die weißen Narben raga, heraus (r).

Zweig mit den straff aufrechten, langen ♂ Blütenkätzchen.

grannenspitzig gezähnt; oberseits glänzend dunkelgrün; unterseits heller, anfangs mehr oder weniger graufilzig behaart, verkahlend.

Blätter.

<u>Blüten</u> (Ende V–VII; nach dem Laubaustrieb): Einhäusig verteilt. ♂ in köpfchenförmigen Teilblütenständen, diese perlschnurartig an aufrechten, 10–25 cm langen Kätzchen aufgereiht. ♀ einzeln oder zu 2–3, meist am Grunde der ♂ Kätzchen, umhüllt von einem grünen, schuppig beblätterten Fruchtbecher; Narben weiß, fädig. <u>Früchte</u> (X): Ledrige, glänzend braune, einsamige, 2–3 cm lange

Nüsse (Kastanien); zu 1–3 vo braungelben, dicht weichstache gen, bis faustgroßen Fruchtbech (Kupula) umschlossen, der si reif mit 4 Klappen öffnet. Eßba <u>Rinde:</u> Anfangs glatt, olivbrau Borke graubraun, längsrissig (Fo Seite 250). <u>Verbreitung:</u> Südeur pa, Kleinasien, Nordafrika. I

Früchte.

südlichen Mitteleuropa gebie weise eingebürgert. <u>Standort:</u> Su mediterrane, eichenreiche Lau wälder in sommerwarmen, winte milden, niederschlagsreichen L gen, meist auf Silikat. Nördlich d Alpen frostgefährdet, in Südwes deutschland seit langem eing führt und verwildert; tief wurzel de Halbschattbaumart.
<u>Hinweis:</u> Eine Pilzkrankheit (K staniensterben, Erreger: *Endoth parasitica)* verursacht in Kast nienbeständen große, zum Teil b standsbedrohende Schäden.

Breitkronige Edelkastanien

170

Traubeneiche

Quercus petraea (Matt.) Liebl.
(Buchengewächse)

Gestalt: Bis 30 (40) m hoher Laubbaum; Stamm meist gerade und bis zum Wipfel durchgehend; Krone breit, geschlossener und regelmäßiger aufgebaut als bei der Stieleiche. Triebe: Kahl. Blätter: Wechselständig. Stiel 1–3 cm lang; Spreite verkehrt eiförmig bis elliptisch, 6–16 cm lang, Rand buchtig mit jederseits 4–8 stumpfen, seltener etwas zugespitzten Lappen,

Zweig.

Basis keilförmig, abgerundet oder schwach herzförmig; unterseits in den Nervenwinkel bärtig behaart (Lupe!). Blüten (V; mit dem Laubaustrieb): Einhäusig verteilt. ♂ in vielblütigen, schlaff hängenden, gelbgrünen Kätzchen. ♀ zu 1–6 dicht gedrängt in kurz- bis unge-

Das Traubeneichenblatt ist im Vergleich zu dem der Stieleiche länger gestielt, hat meist eine keilförmige Basis und ist mehr und regelmäßiger gelappt.

stielten Ständen, klein und unscheinbar; meist 3 rötliche Narbenäste. Früchte (IX, X): Zu 1–6 traubenförmig gedrängt in kurz-

bis ungestielten Ständen; Eich (im botanischen Sinn eine Nu frucht) walzenförmig, 2–3 cm lar im unteren Drittel vom anliege beschuppten Fruchtbecher (Kup la) umschlossen; zunächst grü

Kurzgestielter Fruchtstand mit zwei fast reifen Eicheln.

reif braun, auch im frischen Z stand ohne dunkle Längsstreife Rinde: Anfangs graugrün, gla schwach glänzend; Borke dick, ti längsrissig, graubraun. Verbre tung: West-, Mittel-, Südeurop Kaukasus. Standort: Laubwäld der Ebene bis in untere Berglage steigt im Gebirge höher als c Stieleiche. Ausgedehnte Bestän im Hügelland (Mittelgebirge) a trockenen bis frischen, lockere mittel- bis tiefgründigen, lehmig Böden; meidet nasse Standor eingesprengt auch in submedito ranen Laubwäldern. Seit alters s wohl forstlich wie als Park- ur Straßenbaum verbreitet kultivie Tief wurzelnde Halblichtbauma Ähnliche Arten: Stieleiche (S te 174), Flaumeiche (Seite 17 Zerreiche (Seite 178).

Alte Traubeneiche

Stieleiche

Quercus robur L.
(Buchengewächse)

Gestalt: Bis 35 (50) m hoher Laubbaum; Stamm meist frühzeitig in
starke Äste aufgelöst, Krone dadurch unregelmäßig aufgebaut,
im Freistand weit ausladend. Blätter: Wechselständig. Stiel nur
2–10 mm lang; Spreite verkehrt ei-
bis fast keilförmig, 5–15 cm lang;

Zweig (oben) und das kurzgestielte Blatt der
Stieleiche (unten).

Rand buchtig mit jederseits
3–6 stumpfen Lappen; Basis mehr
oder weniger herzförmig, geöhrt;
beidseitig kahl. Blüten (V; mit dem
Laubaustrieb): Einhäusig verteilt.
♂ in vielblütigen, schlaff hängenden, gelbgrünen Kätzchen; ♀ zu

Blühender Zweig; die Blüte fällt in die Zeit des
Laubaustriebs.

1–6 in deutlich gestielten Ähre
unscheinbar, klein, meist 3 rötlic
Narbenäste. Früchte (IX, >
Langgestielte (2–10 cm, Nam
Fruchtstände mit bis zu 3 (5)
cheln (im botanischen Sinne Nu
früchte); diese walzenförm

♂ Blütenkätzchen, darüber die unscheinb
ren, roten ♀ Blüten (l); die Eicheln sitzen a
einem langen Stiel, die Blätter sind an ihrer
Basis geöhrt (r).

2–3 cm lang, im unteren Drit
von dem anliegend beschupp
Fruchtbecher (Kupula) umschl
sen; zunächst grün, reif braun,
frischen Zustand mit dunkl
Längsstreifen. Rinde: Anfar
graugrün, schwach glänzend; B
ke dick, tief längsrissig, graubra
(Foto Seite 250). Verbreitung: E
ropa, Kaukasus. Standort: Lau
mischwälder von der Ebene bis
untere Gebirgslagen. Verbr
tungsschwerpunkte zum einen
den Niederungen großer Flü
(Hartholzaue) auf gelegentl
überfluteten, tiefgründigen Leh
böden, zum anderen auf arm
sauren Böden (Eichen-Birke
Eichen-Kiefernwälder). Seit alt
her sowohl forstlich wie auch
Park- und Straßenbaum verbre
kultiviert. Tief wurzelnde Lic
baumart. Ähnliche Arten: Tra
beneiche (Seite 172), Flaumeic
(Seite 176), Ungarische Eiche (S
te 176), Zerreiche (Seite 178).

Die Stieleiche bildet im Gegensatz zur Tra
eiche nur selten einen bis zum Wipfel durc
gehenden Stamm.

Flaumeiche

Quercus pubescens Willd.
(Buchengewächse)

Gestalt: Bis 25 m hoher, breitkroniger und meist krummwüchsiger Laubbaum; oft strauchförmig. Triebe: Dicht fein behaart. Blätter: Wechselständig. Stiel 8–15 mm lang, behaart; Spreite verkehrt eiförmig, 5–12 cm lang, Rand buchtig mit jederseits 4–7 stumpfen,

Zweig der Flaumeiche.

mitunter auch spitzen Lappen, Basis keil- bis herzförmig; anfangs beidseitig, später nur auf der graugrünen Unterseite flaumig behaart (Name!). Blüten: Wie Traubeneiche. Früchte (X): Zu 1–5 dicht gedrängt in kurzgestielten Fruchtständen; Eichel (Nußfrucht) eiförmig, spitz, meist etwas kleiner und

Flaumeiche: Blattoberseite (l); unterseits sind die Blätter ebenso wie ihr Stiel und die jungen Triebe flaumig behaart (r).

schlanker als bei der Traubeneiche, zu einem Drittel bis zur Hälfte vom anliegend beschuppten Fruchtbecher (Kupula) umschlossen. Rinde: Graubraun, Borke durch Längs- und Querrisse oft annähernd rechteckig zerklüftet (Foto Seite 250). Verbreitung: Südeuropa, südliches Mitte- und Westeuropa, Kleinasien, Kaukasus. Standort: Wärmeliebende, submediterrane Laubwälder meist auf trockenen, nährstoffreichen, kalkhaltigen flach- bis mitteltelgründigen Böden. In Mitteleuropa nur vereinzelt an warm trockenen Sonnenhängen (Rheintal, Kaiserstuhl, Mosel-, Nahetal). Tiefwurzelnde Lichtbaumart. Ähnliche Arten: Traubeneiche (Seite 172), Stieleiche (Seite 174), Zerreiche (Seite 178).

Ungarische Eiche

Quercus frainetto Ten.
(Buchengewächse)

Gestalt: Bis 40 m hoher, breitkroniger Laubbaum. Triebe: Anfangs grau behaart, rasch kahlend. Blätter: Wechselständig. Stiel 2–8 mm; Spreite verkehrt eiförmig bis elliptisch, 10–20 cm lang, Rand tief

Das kurzgestielte, tief gebuchtete Blatt der Ungarischen Eiche.

und schmal gebuchtet, jederseits mit 7–10 Lappen; unterseits behaart. Früchte (X): Zu 1–5 in kurzgestielten Fruchtständen. Verbreitung: Süd-, Südosteuropa. In Mitteleuropa in Parks. Standort: Bevorzugt auf sonnigen, trockenen Berghängen.

Flaumeichen in submediterraner Landschaft.

Zerreiche

Quercus cerris L.
(Buchengewächse)

<u>Gestalt:</u> Bis 35 m hoher Laubbaum. <u>Triebe:</u> Graufilzig, verkahlend. <u>Knospen:</u> Mit fädigen Nebenblättern. <u>Blätter:</u> Wechselständig. Derb; Stiel bis 2 cm lang;

Zweig der Zerreiche; Blätter derb,
oberseits glänzend.

Spreite schmal elliptisch bis verkehrt eiförmig, 6–12 (16) cm lang, Rand buchtig mit jederseits 4–9 meist zugespitzten Lappen, Basis abgerundet bis schwach herzförmig; beidseitig rauh, unterseits

Zerreiche: Knospen mit den fädigen Nebenblättern (l); Blatt (r).

filzig, oft verkahlend. Fädige Nebenblätter, die bis zum nächsten Laubaustrieb bleiben. <u>Früchte</u> (IX): Zu 1–4 in kurzgestielten Fruchtständen; Eichel bis 3 cm lang, bis fast zur Hälfte vom Fruchtbecher umschlossen; dieser mit abstehenden, fädigen, bis 1 cm langen Schuppen. Reif im Herbst des 2. Jahres. <u>Rinde:</u> Frühe Bildung einer harten, graubraunen bis schwärzlichen, tief zerklüf-

Fruchtstand der Zerreiche, Eicheln in eine[m]
Fruchtbecher mit langen, fädigen Schuppe[n]

teten Borke (Foto Seite 250). V[er]
<u>breitung:</u> Süd-, Südosteuro[pa,]
Kleinasien. In Mitteleuropa [in]
Parks. <u>Standort:</u> Submediterra[ne]
Eichenwälder; sommerwar[m,]
nicht zu trockene Kalk- und S[ili]
katböden. Winterhart. <u>Ähnli[che]</u>
<u>Arten:</u> Traubeneiche (Seite 1[72],)
Stieleiche (Seite 174), Flaumei[che]
(Seite 176).

Persische Eiche

Quercus macranthera Fisch. et M[ey.]
(Buchengewächse)

<u>Gestalt:</u> Bis 20 m hoher La[ub]
baum. <u>Triebe:</u> Graufilzig. <u>Blätt[er:]</u>
Wechselständig. Stiel 1–2 cm la[ng.]
Spreite verkehrt eiförmig bis el[lip]
tisch, 6–18 cm lang, Rand buch[tig]
mit jederseits 8–11 Lappen; unt[er]
seits graufilzig. Fädige Nebenbl[ätter]

Persische Eiche: Blatt (l); Frucht (r).

ter. <u>Verbreitung:</u> Gebirge des K[au]
kasus und Nordpersiens. In M[it]
teleuropa winterharter Parkbau[m.]

Zerreichen in einem Pa[rk]

Korkeiche

Quercus suber L.
(Buchengewächse)

Gestalt: Bis 15 (20) m hoher, kurzstämmiger, immergrüner Laubbaum mit breiter, lockerer Krone;
häufig strauchförmig. Blätter:
Wechselständig. Derb lederartig;
Stiel 5–15 mm lang; Spreite eiförmig bis elliptisch, 3–7 cm lang, Basis abgerundet, Rand mit jederseits
4–6 stachelspitzigen Zähnen, mitunter aber auch fast ganzrandig;

Zweig mit Früchten.

oberseits kahl, glänzend dunkelgrün; unterseits graufilzig behaart,
oft bis auf die Nerven verkahlend.
Blüten: Wie Steineiche. Früchte:
Wie Steineiche; aber Fruchtbecher
(Kupula) mit locker stehenden,
graufilzigen, zum Becherrand hin

Reifende Eicheln; Fruchtbecher mit
abstehenden Schuppen.

verlängerten und abstehenden
Schuppen. Rinde: Zweige, Äste
und Stämme junger Bäume mit
grauen Korkleisten; frühe Bildung
einer weichen, aschgrauen Korkrinde, die im Alter sehr dick und

grob gefurcht sein kann. Verbr
tung: Mittelmeergebiet (ursprür
lich hauptsächlich westmedit
ran). Standort: Lichte Laubwäld
oft in lockeren, gebüschreich
Reinbeständen kultiviert. Mitt
bis flachgründige, steinige, me
kalkarme Böden warmer, somm
trockener Lagen; sehr frostem
findlich. Ähnliche Art: Steineic
(Seite 182).

Korkrinde.

Hinweis: Zur Korkgewinnung
dieser Baum seit langer Zeit
Kultur. Die zuerst gebildete, ha
und wenig elastische Korkrinde
wirtschaftlich ohne Bedeutu
Erst nach dem Schälen dieser R
de im Alter von etwa 20 Jahr
wird hochwertiger, weicher Ko
gebildet, der wiederholt in et
zehnjährigem Abstand geern
werden kann. Portugal und Sü
spanien sind die Zentren c
Korkproduktion. Dort sind a
weiten Flächen Korkeichenwälc
gepflanzt, die regelmäßig gelich
werden, damit die Bäume gro
starkästige Kronen bilden, die d
höchsten Korkertrag bringen.

Steineiche

Quercus ilex L.
(Buchengewächse)

<u>Gestalt:</u> Bis 20 m hoher, meist kurzstämmiger, sparrig verzweigter, immergrüner Laubbaum mit breiter, rundlicher Krone; häufig strauchförmig. <u>Blätter:</u> Wechselständig. Derb lederartig; Stiel

Immergrüne, derb ledrige, glänzende Blätter.

6–15 mm lang; Spreite in der Form sehr veränderlich, eiförmig elliptisch bis lanzettlich, 2–8 cm lang, Basis abgerundet, ganzrandig oder stachelspitzig gezähnt; oberseits behaart oder kahl und glänzend

Blatt mit stachelspitzig gezähntem Rand.

dunkelgrün; unterseits bleibend dicht graufilzig. <u>Blüten</u> (IV, V): Einhäusig verteilt. ♂ in vielblütigen, schlaff hängenden Kätzchen, gelbgrün; ♀ zu 1 oder 2 (selten auch 3) in kurzgestielten Ähren, klein und unscheinbar. <u>Früchte</u> (IX, X): Kurzgestielte Fruchtstände mit 1 oder 2 Eicheln (im botanischen Sinn Nußfrüchte); diese länglich eiförmig, bis 3 cm lang, zu einem Drittel bis zur Hälfte vom Fruchtbecher (Kupula) umschlos-

Zweig mit ganzrandigen Blättern und junge[n] Eicheln; Fruchtbecher mit anliegenden Schuppen.

sen; Becherschuppen dicht anl[ie]gend, weich behaart. <u>Rind[e]</u> Braungraue, flach rissige, kle[in]schuppige Borke. <u>Verbreitun[g]</u> Mittelmeergebiet, (hauptsächli[ch] westmediterran) nördlich bis den Südalpen. <u>Standort:</u> Chara[k]terbaum der mediterranen Ha[rt]laubwälder mit feuchtmilden W[in]tern und trockenheißen Somme[rn] Weit verbreitet in der Macch[ia] Häufig, aber nicht ausschließli[ch] auf nährstoff- und basenreich[en] Böden. In Mitteleuropa selbst [in] milden Lagen wegen der hoh[en] Frostempfindlichkeit (im V[er]gleich zur Korkeiche frosthärt[er]) nur bedingt anbaubar; auf den b[ri]tischen Inseln relativ gut ged[ei]hend. <u>Ähnliche Art:</u> Korkeic[he] (Seite 180).
<u>Hinweis:</u> Steineichenwälder w[a]ren von Natur aus eine weit v[er]breitete Pflanzengesellschaft d[es] Mittelmeergebietes. Sie sind he[ute] bis auf verschwindend kleine R[e]ste zerstört und durch Gebüs[ch]vegetation ersetzt.

Steineiche mit dichter, runder Krone.

Roteiche

Quercus rubra L.
(Buchengewächse)

Gestalt: Bis 30 (50) m hoher, raschwüchsiger Laubbaum; Krone anfangs kegelförmig, im Alter breit und rund. Blätter: Wechselständig. Stiel 2–5 cm lang; Spreite im Umriß elliptisch, 10–25 cm lang,

Die Blüten, hier die ♂ Kätzchen, erscheine
zusammen mit den Blättern.

Zweig (l) und Blatt (r); die Blattlappen sind grannenspitzig gezähnt.

5–15 cm breit, Basis keilförmig bis rund, Rand buchtig, jederseits mit 4–6 unregelmäßig grannenspitzig gezähnten Lappen; Buchten rund oder keilförmig, meist nicht tiefer als bis zur Mitte der Blattlängshälfte; oberseits stumpf dunkelgrün, unterseits heller. Orange- bis

kräftigen Stiel; Fruchtbecher (K
pula) schüsselförmig flach, die r
braune Eichel weniger als zu
nem Drittel umschließend. Fruc
im ersten Jahr nur erbsengroß, r

Die gedrungen eiförmigen Eicheln sitzen in
einem schüsselförmigen Fruchtbecher.

im Herbst des 2. Jahres. Rin
Grau, lange Zeit glatt (Foto S
te 250); Borke dunkelgrau, dür
schuppig. Verbreitung: Mittle
und östliches Nordamerika; d
häufiger Waldbaum. In Mittele
ropa seit über 200 Jahren belieb
Park- und Straßenbaum, forstli
in großem Umfang angeba
Standort: Gedeiht sowohl a
nährstoffreichen Lehm-, als au
ärmeren Sandböden, meidet e
treme Flachgründigkeit, ho
Grundwasserstände und sehr ka
reiche Böden; tief wurzeln
Lichtbaumart. Ähnliche Arte
Scharlacheiche, Sumpfeiche (S
te 186).

Herbstfärbung.

scharlachrote Herbstfärbung. Blüten (V): Einhäusig verteilt. ♂ in langen, lockerblütigen, gelbgrünen Kätzchen. ♀ einzeln oder zu 2 sitzend bis sehr kurzgestielt, klein und unscheinbar. Früchte (X): Gedrungen eiförmige, bis 2,5 cm große Eicheln (Nußfrüchte), zu 1–2 sitzend oder an einem kurzen,

Freistehende Roteiche mit sehr breiter,
starkästiger Krone.

Scharlacheiche

Quercus coccinea Münchh.
(Buchengewächse)

Gestalt: Bis 30 m hoher, raschwüchsiger Laubbaum mit lockerer, runder Krone. Blätter: Wechselständig. Stiel 3–6 cm lang; Spreite im Umriß elliptisch, 8–18 cm lang, im Durchschnitt kleiner als die der Roteiche, aber größer als die der Sumpfeiche, Basis breit keilförmig bis quer abgeschnitten, Rand buchtig mit jederseits 3, seltener 4 unregelmäßig grannenspitzig gezähnten, mehr oder weniger schmalen Lappen; Buchten breit und tief halbkreisförmig, bis fast zur Mittelrippe reichend; oberseits glänzend grün, unterseits schwach

Scharlacheiche: Die Blätter haben auf jeder Seite meist 3 gezähnte Lappen und tiefe, abgerundete Buchten.

glänzend hellgrün. Herbstfärbung leuchtend scharlachrot. Blüten: Wie Roteiche. Früchte (X): Eicheln (Nußfrüchte) gedrungen eiförmig, bis 2,5 cm lang; zu einem Drittel bis zur Hälfte vom grobschuppigen Fruchtbecher (Kupula) umschlossen. Reif im Herbst des 2. Jahres. Verbreitung: Östliches und zentrales Nordamerika. In Mitteleuropa Zierbaum in Parks und Gärten. Standort: Häufig auf armen, trockenen, sauren Böden. Ähnliche Arten: Roteiche (Seite 184), Sumpfeiche.

Sumpfeiche

Quercus palustris Münchh.
(Buchengewächse)

(Gestalt): Bis 30 m hoher, raschwüchsiger Laubbaum mit breit kegelförmiger bis runder Krone und geradem, meist bis zum Wipfel verfolgbarem Stamm; Äste häufig waagerecht mit vielen dünnen, abwärts geneigten Zweigen. Blätter: Wie Scharlacheiche; aber im Durchschnitt etwas kleiner und

Sumpfeiche: Zweig (l), Blatt (r); Scharlach- und Sumpfeiche lassen sich anhand der Blätter kaum unterscheiden.

schlanker. Blüten: Wie Roteiche. Früchte (X): Kleine, nur bis 1,2 cm große, kugelig eiförmige Eicheln (Nußfrüchte; gutes Unterscheidungsmerkmal zur Scharlacheiche). Reif im Herbst des 2. Jahres. Verbreitung: Nordöstliches und zentrales Nordamerika. Mitteleuropa in Parks und Gärten. Standort: Tieflagen, meist im Überschwemmungsbereich von Flüssen auf feuchten bis nassen Böden. Ähnliche Arten: Roteiche (Seite 184), Scharlacheiche.

Scharlacheiche.

Bergulme

Ulmus glabra Huds.
(Ulmengewächse)

<u>Gestalt:</u> Bis 40 m hoher Laubbaum mit breiter, gewölbter Krone. <u>Blätter:</u> Wechselständig, zweizeilig angeordnet. Stiel kurz, nur 3–6 mm lang; Spreite elliptisch bis verkehrt eiförmig, 8–16 cm lang, größte

Die kleinen, büscheligen Blütenstände erscheinen vor den Blättern (l); Fruchtstand den ringsum geflügelten Nüßchen (r).

Zweig.

Breite oberhalb der Mitte, meist mehr oder weniger deutlich dreispitzig mit ausgezogener mittlerer Spitze, Basis unsymmetrisch, doppelt gesägt; beidseitig rauh behaart. <u>Blüten:</u> Wie Feldulme; aber Blütenhülle rostrot bewimpert,

Winterknospen (l); Blatt (r) mit unsymmetrischer Basis und der dreizipfligen Spitze.

Narben rötlich. <u>Früchte:</u> Wie Feldulme; aber etwas größer (2–3 cm lang), Nüßchen in der Mitte der Flügelfrucht. <u>Rinde:</u> Anfangs glatt; Borke graubraun, hart, dünn, längsrissig. <u>Verbreitung:</u> Europa, Kleinasien, Kaukasus. <u>Standort:</u> Laubmischwälder des Hügellandes bis in mittlere Gebirgslagen (Alpen bis 1400 m);

häufig mit Buche, Bergaho Esche und Linde. Bevorzu feuchte, nährstoff- und basenr che, lockere, humose, tiefgründi Böden in kühlen, luftfeuchten L gen (Schluchten, Schatthäng Winter- und Spätfrosthart, t wurzelnde Halbschattbauma Beliebter Park- und Straßenbau <u>Ähnliche Arten:</u> Feldulme (S te 190), Flatterulme (Seite 192).
<u>Hinweis:</u> 1. Natürlich entstande Hybriden zwischen der Feld- u Bergulme werden als Holländ sche Ulme *(Ulmus x hollandi* bezeichnet. In ihren Merkmal steht sie zwischen den Eltern, daß die Unterscheidung von d sen, ebenso wie Angaben zum r türlichen Vorkommen problem tisch sind. 2. Siehe Hinweis S te 192.

Feldulme

Ulmus minor Mill.
(Ulmengewächse)

Gestalt: Bis 30 m hoher Laubbaum mit breiter, gewölbter Krone; gelegentlich strauchförmig. Blätter: Wechselständig, zweizeilig ange-

Blüten (l), Früchte (r).

Noch vor dem Laubaustrieb reifen die Früchte zu voller Größe heran.

ordnet. In Form und Größe sehr veränderlich; Stiel 5–15 mm lang; Spreite elliptisch mit ausgezogener Spitze, 4–12 cm lang, Basis asymmetrisch, einfach bis doppelt gesägt; oberseits meist kahl, glän-

Zweige mit Korkleisten (l); Blatt (r) mit der deutlich unsymmetrischen Basis.

zend dunkelgrün; unterseits in den Nervenwinkeln behaart. Blüten (III, IV; vor dem Laubaustrieb): Zwittrig, gelegentlich auch getrenntgeschlechtig. In dichten, vielblütigen Büscheln; Einzelblüte 3–5 mm lang, kurzgestielt bis sitzend, mit unscheinbarer, weiß bewimperter Blütenhülle, 4–6 langfädigen Staubblättern und weißlichen Narben. Früchte (V, VI): In Büscheln; 1,5–2,5 cm lang, kurzgestielt, kahl; ringsum häutig geflügelte, flache Nüßchen; diese sitzen

nahe der Einkerbung am vorder[en] Flügelrand; zunächst grün, [reif] gelbbraun. Rinde: Anfangs gla[tt,] Zweige oft mit grauen Korkl[ei]sten; Borke graubraun, dur[ch] Längs- und Querrisse gefelde[rt.] Verbreitung: Europa (ohne Ska[n]dinavien), Nordafrika, Kleinasi[en,] Kaukasus. Standort: Tieflag[e,] Hügelland; eichenreiche Lau[b]mischwälder, oft in der Hartho[lz]aue großer Flußniederungen, [an] Waldrändern und in Feldgeh[öl]zen. Mäßig trockene bis frisc[he,] gelegentlich überflutete, tiefgr[ün]dige, lockere, nährstoff- und b[a]senreiche Böden; oft auf Ka[lk.] Wärmeliebende, tief wurzeln[de] Halbschattbaumart; Park- und A[l]leebaum; reichlich Bildung v[on] Wurzelbrut. Ähnliche Arten: Be[rg]ulme (Seite 188), Flatterulme (S[ei]te 192).

Hinweis: Siehe Hinweis auf [den] Seiten 188 und 192.

Bizarr gewachsene Feldulme[n]

Flatterulme

Ulmus laevis Pall.
(Ulmengewächse)

<u>Gestalt:</u> Bis 30 m hoher Laubbaum mit breiter, gewölbter Krone; Wurzelanläufe am Stammfuß starker Bäume oft brettartig verbreitert. <u>Blätter:</u> Wechselständig, zweizeilig angeordnet. Stiel 5–8 mm lang; Spreite elliptisch mit ausgezogener Spitze, 6–15 cm lang, Basis asymmetrisch, doppelt gesägt, die grö-

Zweig.

ßeren Zähne meist nach vorne gerichtet; anfangs beidseitig weich behaart, später oberseits kahl, schwach glänzend, unterseits hell- bis graugrün, mehr oder weniger bleibend weichhaarig. <u>Blüten:</u> Wie Feldulme; aber Blüten langgestielt, Blütenbüschel dadurch locker und »flattrig« (Name!) überhängend. <u>Früchte:</u> Wie Feldulme; aber kleiner (1–1,5 cm lang), bis

Normale Winterknospen sind schlank und spitz; Blütenknospen (l) hingegen kugelig; »flattrig« hängende Blütenbüschel (r) sind das namengebende Merkmal der Flatterulme.

2 cm lang gestielt, hängend; Nü[s-]chen in der Mitte der Flügelfruch[t,] Flügel am Rand bewimpert. <u>Ri[n]-de:</u> Borke graubraun, längsriss[ig,] dünnschuppig abblätternd (Fo[to] Seite 250). <u>Verbreitung:</u> Mitte[l-,] Südost-, Osteuropa, Kleinasie[n.] <u>Standort:</u> Laubmischwälder som[-]merwarmer Tieflagen (selten üb[er] 600 m); häufig in der Hartholza[ue] großer Flußniederungen. Feuch[t] bis nasse, zeitweilig überflute[te,] tiefgründige, nährstoff- und base[n-]reiche Lehm- und Tonböden. T[ief] wurzelnde Halbschattbauma[rt,] Park- und Alleebaum, Wurzelbru[t-] bildung. <u>Ähnliche Arten:</u> Ber[g-] ulme (Seite 188), Feldulme (S[ei-] te 190).

<u>Hinweis:</u> Seit etwa 1920 verursac[ht] das Ulmensterben, eine durch d[en] Pilz *Ceratocystis ulmi* ausgelös[te] Verstopfung der Wasserleitbahn[en] des Baumes, in ganz Europa gr[o-] ße, gebietsweise bestandsbed[ro-] hende Verluste bei allen drei e[in-] heimischen Ulmen. Das äuße[re] Krankheitsbild ist durch Welk[er-] erscheinungen und Absterben v[on] Ästen gekennzeichnet. Bei akute[m] Krankheitsverlauf stirbt der Bau[m] rasch ab.

Flatterulme.

192

Kaukasische Zelkove

Zelkova carpinifolia K. Koch
(Ulmengewächse)

Gestalt: Bis 25 m hoher, oft mehr-stämmiger Laubbaum; Äste steil aufwärts gerichtet, Krone dadurch dicht, geschlossen eiförmig. Blät-ter: Wechselständig. Stiel 2–3 mm lang; Spreite eiförmig bis ellip-tisch, spitz, 2–7 cm lang, Basis

Zweig des Zürgelbaums; zweizeilig wechse ständige Blattstellung ist ein gemeinsames Merkmal der Ulmengewächse.

Zweizeilig wechselständig beblätterter Zweig der Kaukasischen Zelkove.

rund bis schwach herzförmig, grob gesägt; oberseits etwas rauh, un-terseits vor allem auf den Nerven behaart. Früchte: Kurzgestielte, et-wa 5 mm große, schiefe Stein-früchte. Rinde: Buchenähnlich; grau, lange Zeit glatt; später schuppig abblätternd. Verbrei-tung: Kaukasus. In Mitteleuropa gelegentlich in Parks.

Südlicher Zürgelbaum

Celtis australis L.
(Ulmengewächse)

Gestalt: Bis 25 m hoher Laubbaum mit eirunder Krone. Blätter: Wechselständig, zweizeilig ange-ordnet. Stiel 0,5–1,8 cm lang; Spreite schief eiförmig bis lanzett-lich, mit lang ausgezogener, schwanzartiger Spitze, 5–16 cm lang, Basis asymmetrisch, grob ge-sägt; oberseits rauh, dunkelgrün; unterseits graugrün, meist weich behaart. Blüten (V; mit dem Laub-austrieb): Einzelne, blattachsel-ständige Zwitterblüten, langge-stielt, klein, mit 2 großen, fedrigen Narben; daneben ♂ Blüten in we-

nigblütigen Büscheln. Früch (VIII–X): Kugelige, etwa 1 c große Steinfrüchte, einzeln 2–2,5 cm langen, dünnen Stielen den Achseln von Laubblätter anfangs gelbgrün, später rötli bis schwarzviolett. Fruchtfleis wohlschmeckend. Rinde: Buche

Südlicher Zürgelbaum: Blatt mit schiefer Basis und lang ausgezogener Spitze (l); die kugeligen Steinfrüchte sind einzeln in den Achseln der Laubblätter (r).

ähnlich; grau, lange Zeit glatt, Alter aufreißend. Verbreitun Südeuropa, nördlich bis zu d Südalpen, Nordafrika, Vordera en. Standort: Submediterrane u mediterrane Laubwälder und Fe gebüsche; ohne besondere B densansprüche; wärmelieben nördlich der Alpen nur in sehr m den Lagen winterhart.

Beeindruckende Baumgestalt einer Kaukas schen Zelkove; typisch sind die steil aufwä gerichteten Äste und die schuppige Borke.

Weißer Maulbeerbaum

Morus alba L.
(Maulbeerbaumgewächse)

Gestalt: Bis 15 m hoher, rundkroniger Laubbaum; häufig strauchförmig. Blätter: Wechselständig. Stiel über 1,5 cm lang, Milchsaft führend; Spreite von veränderlicher Form, dünn, breit eiförmig, spitz, 6–15 cm lang, Basis gestutzt

Unterschiedliche Blattformen des Weißen Maulbeerbaums; Blätter länger gestielt als die des Schwarzen Maulbeerbaums.

oder seicht herzförmig, ungelappt oder 3–5lappig, grob gesägt; beidseitig ziemlich kahl. Blüten (V, VI): Ein- oder zweihäusig verteilt. ♂ in gestielten, 1,5–3 cm langen, hellgrünen Kätzchen; ♀ in 5–12 mm großen, gestielten Köpfchen; Stiel so lang oder länger als der Blütenstand. Früchte (ab VII): Kleine, von der fleischig gewordenen Blütenhülle umschlossene Nüßchen,

Weißer Maulbeerbaum: »Maulbeeren« unterschiedlicher Reife.

die eine brombeerähnliche Sammelfrucht (»Maulbeere«) bilden; diese 1–2,5 cm lang, gestielt, im reifen Zustand weiß oder rot bis schwarzrot; eßbar, von fadsüße Geschmack. Rinde: Foto S te 250. Verbreitung: Mittel- un Ostasien. In Südost- und Südeur pa häufig, in Mitteleuropa in m den Lagen gelegentlich kultivie Standort: Gebüsche, Gärten, A leen. Ähnliche Art: Schwarz Maulbeerbaum.
Hinweis: Siehe Hinweis unten.

Schwarzer Maulbeerbaum

Morus nigra L.
(Maulbeerbaumgewächse)

Unterschiede zum weißen Ma beerbaum: Blätter: Kürzergestie Spreite derb, Basis meist deutli herzförmig; oberseits rauh, unt seits weichhaarig. Blüten: ♀ B tenstände sitzend bis kurzgestie Früchte: »Maulbeere« sitzend kurzgestielt; rötlich oder glänze schwarz; wohlschmeckend säu lichsüß. Verbreitung: Vorderasi In Mitteleuropa in Weinbaulag angebaut, gelegentlich verwilder

Schwarzer Maulbeerbaum: Blatt mit deutli herzförmiger Basis (l); »Maulbeeren« im U terschied zum Weißen Maulbeerbaum nich oder sehr kurzgestielt (r).

Hinweis: Beide Maulbeerbäu sind alte Kulturpflanzen. Die Bl ter, vorzugsweise die zarten Weißen Maulbeerbaums, dien zur Aufzucht von Seidenspinn raupen. Der Schwarze Maulbe baum wird hauptsächlich Früchte wegen kultiviert.

Weißer Maulbeerbaum

Echter Feigenbaum

Ficus carica L.
(Maulbeerbaumgewächse)

Gestalt: Bis 10 m hoher, kurzstämmiger Laubbaum mit runder, lokkerästiger Krone; oft strauchförmig. **Blätter:** Wechselständig. Stiel 4–8 cm lang; Spreite derb ledrig,

Reifende Feigen.

Zweige mit Früchten.

8–20 cm lang, etwa ebenso breit, tief handförmig gebuchtet mit 3–5 (7) Lappen, selten auch ungelappt, Basis herzförmig. **Blüten:** Bei der Wildform einhäusig verteilt. Klein; sitzen im Hohlraum der grünen, birnenförmigen Blütenstandsachse; die ♀ am Grunde des Hohlraums, die ♂ im oberen Teil nahe der winzigen Öffnung

grau, lange Zeit glatt. **Verbreitur** Mittelmeergebiet, nördlich bis den Südalpen, Klein- und Westa en. Daneben in vielen klimatis hierfür geeigneten Teilen der Er kultiviert. **Standort:** Trocke Felshänge, Steineichengebüs entlang von Mauern. Frostem findlich, in Mitteleuropa nur Bereich des Weinbauklimas a baubar.

Hinweis: Kulturfeigen treten zwei verschiedenen Formen a Bäume mit fruchtbaren ♀ Blüt aus denen sich die eßbaren Feig entwickeln und Bäume (Bocksf gen) mit ♂ Blüten und ♀ Blüt die ausschließlich der Vermehru des Bestäuberinsekts, der Feige gallwespe *(Blastophaga psen* dienen. Fruchtansatz in Feigenk turen ist deshalb nur in Gegenw einiger Bocksfeigen oder zum dest deren Blütenstände mögli Neuere Feigenrassen tragen au ohne Bestäubung Früchte. Wi feigen dagegen bilden auf ein Baum drei Blütenstandsgenerat nen; aus der des Sommers ents hen die reifen Feigen, die Frü jahrsgeneration dient der Poll produktion und wie die Herbst neration der Vermehrung der F gengallwespe.

Handförmig gelappte Blätter.

(Siehe Hinweis). **Früchte:** Fruchtstand (Feige) birnenförmig, 5–8 cm lang, grün oder braun bis braunviolett; Fruchtfleisch grün oder rot, wohlschmeckend, enthält die kleinen Nüßchen. **Rinde:** Hell-

Graurindiger, glatter Stamm mit Fruchtzwe (oben); breitkroniger, kurzstämmiger Baur einer Feigenplantage (unten).

Kobushi-Magnolie

Magnolia kobus DC.
(Magnoliengewächse)

<u>Gestalt:</u> Bis 20 m hoher, breitkro-
niger Laubbaum; häufig strauchförmig. <u>Blätter:</u> Wechselständig.
Elliptisch bis verkehrt eiförmig,

Blätter und junger Fruchtstand der
Kobushi-Magnolie.

6–16 cm lang, größte Breite in oder
oberhalb der Mitte, kurz zugespitzt, ganzrandig. <u>Blüten</u> (IV, V;
vor dem Laubaustrieb): Aufrechte
Zwitterblüten, mehr oder weniger
ausgebreitet, dann bis 12 cm breit;
6–9 weiße, mitunter außen leicht

Ausgebreitete Blüten der Kobushi-Magnolie.

rötliche Blütenblätter; 3 kleinere,
rasch abfallende, blütenblattartige
Kelchblätter. <u>Früchte:</u> Gekrümm-
te, bis 12 cm lange Fruchtstände
mit zahlreichen Balgkapseln, die
reif aufspringen; Samen dann an
einem Faden heraushängend. <u>Ver-
breitung:</u> Japan. In Mitteleuropa
Zierbaum. <u>Standort:</u> Ohne besondere Bodenansprüche; winterhart.
<u>Ähnliche Art:</u> Tulpenmagnolie.

Tulpenmagnolie

Magnolia x soulangiana Soul.-Bo
(= M. denudata x M. liliiflora)
(Magnoliengewächse)

<u>Gestalt:</u> Strauch oder bis 6 m h
her Baum. <u>Blätter:</u> Wechselstä
dig. Elliptisch bis verkehrt eifö
mig, 10–20 cm lang, größte Brei
in der vorderen Hälfte, kurz zug
spitzt, ganzrandig. <u>Blüten</u> (IV–V
vor, mit, nach dem Laubaustrieb

Zweig der Tulpenmagnolie.

Aufrechte, tulpenförmige Zwitte
blüten; Hüllblätter (Kelch- u
Blütenblätter gleichartig) inn
weiß, außen mehr oder wenig
rötlich, 5–12 cm lang. <u>Frücht</u>
Wie Kobushi-Magnolie. <u>Rind</u>
Foto Seite 250. <u>Verbreitung:</u> Au

Tulpenähnliche Blüten der Tulpenmagnolie.

schließlich als Zierbaum, bei u
wohl die häufigste Magnolie, sc
tenreich. <u>Standort:</u> Ohne beso
dere Bodenansprüche; winterha
<u>Ähnliche Art:</u> Kobushi-Magnoli

Kobushi-Magnolie (oben); Tulpenmagnolie
(unten).

Immergrüne Magnolie

Magnolia grandiflora L.
(Magnoliengewächse)

Gestalt: Immergrüner, bis 25 m hoher Laubbaum mit breit kegelförmiger Krone. Blätter: Wechselständig. Gummibaumähnlich, sehr derb ledrig, elliptisch bis verkehrt

Die derb ledrigen, stark glänzenden Blätter der Immergrünen Magnolie.

eiförmig, 12–25 cm lang, kurz zugespitzt oder stumpf; oberseits stark glänzend dunkelgrün, kahl; unterseits dicht rostbraun filzig, mit stark hervortretender Mittelrippe. Blüten (V–VIII): Große, aufrechte, wohlduftende Zwitterblüten, zuletzt mehr oder weniger ausgebreitet, 15–25 cm breit, 6–12 reinweiße Blütenblätter, 3 blüten-

Immergrüne Magnolie: Blüte (l), Fruchtzapfen (r).

blattartige Kelchblätter. Früchte: Bis 12 cm große, eiförmige, filzig behaarte Fruchtzapfen mit zahlreichen Balgkapseln, die reif aufspringen; Samen dann an einem Faden heraushängend. Verbreitung: Südöstliche USA. Häufiger Zierbaum in Südeuropa. Standort:

Von Natur aus meist auf feucht Böden nahe Flüssen und Sün fen. In Mitteleuropa nur in bes ders milden Lagen winterhart (sel Mainau, Bodensee).

Schirmmagnolie

Magnolia tripetala (L.) L.
(Magnoliengewächse)

Gestalt: Bis 12 m hoher, breitk niger Laubbaum. Blätter: We selständig. An den Triebspitzen häuft, schirmförmig ausgebreit auffallend groß, 25–60 cm lang, liptisch bis verkehrt eiförmig; h grün. Blüten (VI, VII; nach d Laubaustrieb): Große, aufrech unangenehm riechende Zwit blüten, etwa 20 cm breit, 6–9 lä liche. weiße Blütenblätter und kürzere, zurückgebogene, blüt

Schirmmagnolie: Triebspitze mit Blüte und den großen, schirmförmig ausgebreiteten Blättern.

blattartige, grünliche Kelchblät Früchte: Bis 12 cm große, längl eiförmige, rosafarbene Fruchtz fen mit zahlreichen Balgkapse die reif aufspringen; die roten S men dann an einem Faden hera hängend. Verbreitung: Südöstlic USA. In Mitteleuropa Zierbau Standort: Feuchte, nährstoffreic Böden; weitgehend winterhart.

Tulpenbaum

Liriodendron tulipifera L.
(Magnoliengewächse)

<u>Gestalt:</u> In der Heimat bis 60 m, in Europa bis 35 m hoher, raschwüchsiger, geradstämmiger Laubbaum; Krone anfangs kegelförmig, später gewölbt. <u>Blätter:</u> Wechselständig. Stiel so lang wie die in der Form veränderliche Spreite; diese im Umriß annähernd quadratisch, 8–20 cm lang,

Zweig mit tulpenförmiger Blüte.

meist mit einem großen Mittellappen und 2 mitunter mehrspitzigen Seitenlappen; der Mittellappen vorne quer abgeschnitten, durch die breit V-förmige Einkerbung zweispitzig; oberseits glänzend grün, unterseits etwas heller, oft

Blatt (l); Fruchtzapfen mit vielen zungenförmig geflügelten Früchten (r).

bläulichgrün. Herbstfärbung goldgelb. <u>Blüten</u> (V–VII; nach dem Laubaustrieb): Große, endständige, tulpenförmige Zwitterblüten; Blütenhülle mit 3 grünlichen, abstehenden, rasch abfallenden Kelchblättern und 6 aufrechten Blütenblättern; diese gelbgrün oder schwefelgelb, am Grund orange gefleckt; Staubblätter zahlreich, so lang wie die Blütenblätter; Fruchtknoten zahlreich an einer spindelförmigen Achse. Früchte (X): Aufrechte, 6–8 cm lange

Blüten.

braune Fruchtzapfen mit vielen zungenförmig geflügelten Schließfrüchten. <u>Rinde:</u> Dunkelgraue, gleichmäßig längs gefurchte Borke (Foto Seite 250). <u>Verbreitung:</u> Östliches Nordamerika. In Mitteleuropa beliebter Park- und Gartenbaum, versuchsweise auch forstlich angebaut. <u>Standort:</u> Laubmischwälder; anspruchsvoll, bevorzugt tiefgründige, lockere, frische bis feuchte, nährstoffreiche, lehmige Böden; meidet sehr trockene und nasse Standorte. In Mitteleuropa winterhart.

Tulpenbaum, in Mitteleuropa ein beliebter Parkbaum.

Lorbeerkirsche

Prunus laurocerasus L.
(Rosengewächse)

Gestalt: Immergrüner Strauch, gelegentlich bis 8 m hoher Baum.
Blätter: Wechselständig. Ledrig; schmal elliptisch, 5–15 (20) cm lang, ganzrandig oder schwach gezähnt, Rand umgerollt; kahl, oberseits glänzend dunkelgrün. Giftig (enthalten Blausäure)! Blüten (IV, V): Weiße, etwa 1 cm breite Zwitterblüten in aufrechten, 7–15 cm

Erdbeerbaum: Blüten und fein gesägte Blätter.

Zweig der Lorbeerkirsche mit aufrechten Blütentrauben und immergrünen Blättern.

langen Trauben. Früchte (VIII): Kugelige oder eiförmige, schwarzrote Steinfrüchte. Verbreitung: Südosteuropa, Kleinasien. In Süd-, West- und in den wärmeren Gebieten Mitteleuropas Zierpflanze. Standort: Schattige, humose Lagen; frostgefährdet.

Erdbeerbaum

Arbutus unedo L.
(Heidekrautgewächse)

Gestalt: Immergrüner Strauch oder bis 10 m hoher Baum. Blätter: Wechselständig. Ledrig; schmal elliptisch, 4–10 cm lang, gesägt; beidseitig kahl, glänzend. Blüten (IX–XII): In Rispen; zwittrig; Blütenkrone krugförmig, weiß bis rosa. Früchte (IX–XII): Kugelige, warzige Beeren, 1,5–2 cm dick, rot, eßbar (säuerlich). Rinde: Foto Seite 251. Verbreitung: Mittelmeergebiet, entlang der Atlantikküste

bis Südwest-Irland, Kleinasie
Standort: Trockene Gebüsch
häufig in Parks und Gärten.
Mitteleuropa nicht winterhart.

Lorbeerbaum

Laurus nobilis L.
(Lorbeergewächse)

Gestalt: Immergrüner Strau
oder bis 15 m hoher Baum. Blätt
Wechselständig. Ledrig; schm
elliptisch, 5–11 cm lang, me
ganzrandig, Rand wellig. Zerr
ben stark aromatisch rieche
Blüten (III–V): Zweihäusig v
teilt. In Büscheln; klein, blaßge
Früchte: Glänzend schwarzr

Zweig des Erdbeerbaums (l) und des Lorbeerbaums (r).

Beeren. Verbreitung: Mittelme
gebiet, Kleinasien. Standort: I
mergrüne Gebüsche; Gär
(Zier-, Gewürz-, Heckenpflanz
In Mitteleuropa nicht winterhart

Erdbeerbaum (oben); Lorbeerkirsche in vo
Blüte (unten).

Ahornblättrige Platane

Platanus x hispanica Münchh.
(= P. x acerifolia)
(Platanengewächse)

Gestalt: Bis 35 m hoher Laubbaum mit ausladender, starkästiger Krone. Blätter: Ahornähnlich, aber wechselständig. Stiel 4–10 cm

Die kleinen Blüten bilden dicht gedrängte kugelige Blütenstände (l); Fruchtstände (

Zweig mit kugeligen Fruchtständen.

lang; Spreite 12–25 cm lang und breit, mit 3–5 (selten 7) spitzen Lappen; diese grob buchtig gezähnt bis ganzrandig, Mittellappen meist nicht viel länger als an der

Ahornähnliche Blätter.

Basis breit. Blüten (V; mit dem Laubaustrieb): Klein und unscheinbar; dicht gedrängt in kugeligen, etwa 1 cm großen Köpfchen (Teilblütenstände), die zu 2 oder 3 an einer gemeinsamen Blütenstandsachse hängen; Blütenstände eingeschlechtig. Früchte (IX, X): Kegelförmige, etwa 1 cm lange, am Grunde behaarte Nüßchen in braunen, borstigen, 2–3 cm dicken Köpfchen; diese hängen einzeln oder zu zweien (selten 3) an einem

langen Stiel. Rinde: Frühe Bild einer auffälligen, grau- bis g brauner Borke, die in unregel ßigen, großen, dünnen Platten blättert, wodurch die Stämme scheckt erscheinen (Foto S 251). Verbreitung: Ursprung un kannt. Heute als Park- und S ßenbaum in ganz Europa pflanzt. Standort: Bestes Wac tum auf frischen, tiefgründi Böden; tief wurzelnde, weitgeh winterharte Lichtbaumart; ged noch gut im Großstadtklima; r tiv unempfindlich gegen Luft unreinigungen.
Hinweis: Die Ahornblättrige tane gilt als ein Bastard zwisc der Amerikanischen Platane *(P. cidentalis)* und der Morgenlä schen Platane *(P. orientalis,* h mat: Südosteuropa, Kleinasi Von letzterer ist sie nur schwer unterscheiden. Erkennungsme male für die Morgenländische tane: Blätter mit 5–7 schma Lappen; Blüten- und Fruchtst de meist mit 3 und mehr Kö chen.

Mächtige, breit ausladende Ahornblättrig Platane (oben); Charakteristisch ist die u regelmäßig gescheckte Borke an Stamm und starken Ästen (unten).

Eingriffeliger Weißdorn

Crataegus monogyna Jacq.
(Rosengewächse)

Gestalt: Strauch oder bis 10 m hoher Baum. Triebe: Kurztriebe oft zu Dornen umgebildet. Blätter: Wechselständig. Breit ei- oder rautenförmig, 3-6 cm lang, tief gebuchtet mit 3-7 meist spitzen Lappen, Basis breit keilförmig bis

Die Blätter des Eingriffeligen Weißdorns sind tief eingeschnitten gelappt.

gestutzt. Blüten (V, VI): In endständigen, aufrechten Doldenrispen; zwittrig, 8-15 mm breit; 5zählige, doppelte Blütenhülle; Kronblätter weiß; meist 1 (selten 2) Griffel (Name!), Früchte (IX,

Blüten des Eingriffeligen Weißdorns.

X): Glänzend rote, kugelige, etwa 1 cm große Apfelfrüchtchen, meist 1 Steinkern. Rinde: Foto Seite 251. Verbreitung: Europa, Nordafrika, Kleinasien, Kaukasus. Standort: Von der Ebene bis in mittlere Berglagen; Laub- und Nadelmischwälder, meist an Wald- und Wegrändern, in Feldgehölzen und Gebüschen. Mäßig trockene bis frische, meist kalkhaltige Ton- u Lehmböden; tief wurzelnde Lic und Halbschattpflanze; Zierg hölz. Ähnliche Art: Zweigriffelig Weißdorn.

Zweigriffeliger Weißdorn

Crataegus laevigata (Poir.) DC.
(Rosengewächse)

Unterschiede zum Eingriffelig Weißdorn: Blätter: Weniger t gebuchtet mit 3 (5) mehr oder w niger stumpfen Lappen, Basis ke

Blatt des Zweigriffeligen Weißdorns.

förmig oder abgerundet. Blüt (etwa 2 Wochen früher): 2 (1 oc 3) griffelig. Früchte: Meist 2kern Verbreitung: Europa. Standc Frische bis feuchte Böden. Hinweis: Der Rotdorn ist ei Gartenform des Zweigriffelig Weißdorns ('Paul's Scarlet') r gefüllten, roten Blüten.

Apfelfrüchtchen des Zweigriffeligen Weißdorns.

Blühender Weißdorn (oben); Gefüllte Blüte des Rotdorns (unten).

Quitte

Cydonia oblonga Mill.
(Rosengewächse)

Gestalt: Bis 8 m hoher Baum oder Strauch. Blätter: Wechselständig.

Blühender Zweig der Quitte.

Stiel 1–2 cm lang, filzig; Spreite eiförmig bis breit elliptisch, 5–10 cm lang, ganzrandig; unterseits grau-

Quitte: Blattoberseite (l) und die graufilzige Blattunterseite (r).

filzig. Blüten (V, VI): Einzeln, zwittrig; Kronblätter weiß bis rosa, länger als die Kelchblattzipfel. Früchte (IX, X): Apfel- oder bir-

Dicht filzig behaarte Quittenfrucht.

nenförmig, gelb, filzig; aromatis riechend. Rinde: Foto Seite 2! Verbreitung: Südwestliches Asie In Süd- und Mitteleuropa kul viert, gelegentlich verwilde Standort: Sonnige Hänge, Wal ränder; wärmeliebend, frostem findlich; frische, tiefgründige, b senreiche Böden.

Mispel

Mespilus germanica L.
(Rosengewächse)

Gestalt: Mitunter dorniger, bis 6 hoher Baum oder Strauch. Blätt Wechselständig. Sehr kurzgestie Spreite schmal elliptisch bis la zettlich, 6–13 cm lang, ganzrand

Blühender Zweig der Mispel.

oder fein gesägt; unterseits filz Blüten (V, VI): Einzeln, zwittr am Grunde mit einem langspit gen Hochblatt; Kronblätter we meist kürzer als die Kelchblattzi fel. Früchte (X, XI): Kuge 2–3 cm groß, hart, braun; a Scheitel tellerförmig abgeflac von den Kelchblattzipfeln gekrö Verbreitung: Vorderasien, Südo Europa. In Süd-, West-, und M teleuropa kultiviert, gelegentli verwildert. Standort: Sonn Hänge, Waldränder; wärmel bend, frostempfindlich, meist Weinbaulagen auf mäßig trock nen, basenreichen Böden.

Quittenstrauch in voller Blüte (oben); Mispelfrüchte (unten).

Holzbirne

Wildbirne
Pyrus pyraster Burgsd.
(Rosengewächse)

Gestalt: Mittelgroßer, bis 20 m hoher, sperrig verzweigter Laubbaum. **Triebe:** Kurztriebe oft zu Dornen umgewandelt. **Blätter:** Wechselständig. Stiel so lang (oder länger) wie die Spreite; diese eiför-

Dornig zugespitzter Kurztrieb der Holzbirne (l); das rundliche Blatt (r).

mig bis rundlich, 2–8 cm lang, fein gesägt; anfangs beidseitig behaart, rasch verkahlend; oberseits glänzend dunkelgrün. **Blüten** (IV, V; mit dem Laubaustrieb): In 3–9blütigen Doldentrauben; zwittrig, 2–4 cm breit; 5zählige, doppelte, freiblättrige Blütenhülle; Kelchblätter filzig; Blütenblätter weiß, selten rosa; Staubblätter zahlreich,

Blüten mit den kräftig roten Staubbeuteln.

Staubbeutel rot; 5 bis zum Grunde freie (im Unterschied zur Apfelblüte) Griffel. **Früchte** (IX, X): Birnenförmig bis kugelig, 2–3 cm groß; bräunlichgelb; Fruchtfleisch mit vielen Steinzellennestern (Gruppen von dickwandigen Zel-

len), herbsauer schmeckend. **Rinde:** Durch Längs- und Querrisse kleinfeldrig geschuppte, graubraune Borke (Foto Seite 251). **Verbreitung:** Europa, Westasien. **Standort:** Von der Ebene bis in mittlere Gebirgslagen (Alpen bis 850 m). Laubwälder (Eichen-Ulmen-Auwälder, Eichenmischwälder), Hecken und Trockengebüsche. Frische bis mäßig trockene, nährstoff- und basenreiche, meist kalkhaltige Böden sommerwarmer Lagen; tiefwurzelnde Licht- bis Halbschattenbaumart.

Früchte.

Hinweis: Die in großer Sortenvielfalt kultivierte Gartenbirne *(Pyrus communis L.)* ist das Ergebnis langer Auslese- und Kreuzungszüchtung. Stammformen hierfür waren neben der einheimischen Holzbirne vor allem asiatische Birnbaumarten. Kulturbirnen haben größere, zur Reifezeit weiche, süße Früchte und meist dornenlose Triebe. Oft ist es schwer, verwilderte Gartenbirnen von der Holzbirne zu unterscheiden.

Gartenbirne zur Zeit der Blüte (oben); die herbstliche Laubfärbung erfaßt beim Birnbaum anfangs nur Teile der Krone, während andere Partien noch völlig grün sind (unten).

Holzapfel

Malus sylvestris Mill.
(Rosengewächse)

Gestalt: Bis 10 m hoher Laubbaum mit breiter, runder, dicht verzweigter Krone; Zweige oft mit Kurztriebdornen. Blätter: Wechselständig. Stiel 1,5–4 cm lang; Spreite breit elliptisch bis eirundlich, kurz zugespitzt, 3–8 cm lang, einfach bis doppelt gesägt, Basis abgerundet bis seicht herzförmig; anfangs behaart, später meist bis auf die Nerven der Unterseite ganz kahl.

Die Früchte sind oft noch nach dem Laubfa[ll] am Baum.

Blattoberseite (l), Blattunterseite (r).

Blüten (IV, V; mit dem Laubaustrieb): Endständig an Kurztrieben in wenigblütigen Doldentrauben; Blütenstiele kurz, kahl oder spärlich behaart; 5zählige, doppelte, freiblättrige Blütenhülle; Kelchblätter klein, außen kahl, innen filzig; Kronblätter 1–2 cm lang, innen weiß, außen rötlich; Staub-

Blüten.

beutel gelb; meist 5 am Grunde miteinander verwachsene Griffel. Früchte (IX, X): Äpfel kugelig, 2–3 cm groß, gelbgrün, oft rotwangig; herbsauer schmeckend. Rin-

de: Graunbraune, feinrissige, n[it] kleinen, dünnen Schuppen abblä[t]ternde Borke. Verbreitung. Fa[st] ganz Europa, Westasien. Standor[t:] Tieflagen, mittlere Gebirgslag[en] (in den Alpen selten über 1100 m[);] Laubmischwälder, Auwäld[er,] Waldränder, Hecken und Geb[ü]sche. Frische, tiefgründige, näh[r]stoff- und basenreiche Böde[n;] flach wurzelnde Licht- bis Hal[b]schattbaumart.

Hinweis: Der Holzapfel ist ei[ne] der Ausgangsarten für die Züc[h]tung des Kultur- und Gartenapfe[ls] *(Malus domestica).* Im Untersch[ied] zum Holzapfel sind die Zwei[ge] dornenlos, die Blätter unterse[its] stärker behaart, die Blütenstiele f[il]zig, die Äpfel größer und süß[er.] Der heutige Anbau konzentrie[rt] sich meist nurmehr auf einen kle[i]nen Teil des großen Sortenspe[k]trums, so daß viele altbewähr[te] Sorten immer mehr in Vergesse[n]heit geraten.

Gartenapfelbaum in voller Blüte (oben) und zur Zeit der Fruchtreife (unten).

Schwedische Mehlbeere

Oxelbirne
Sorbus intermedia Pers.
(Rosengewächse)

Gestalt: Bis 15 m hoher Laubbaum
mit eiförmiger oder kugeliger Krone. Blätter: Wechselständig. Stiel
1-3 cm lang; Spreite breit elliptisch, 6-11 cm lang, gelappt, im

Schwedische Mehlbeere: Blattoberseite (l),
graufilzige Blattunterseite (r).

unteren Teil gelegentlich fieder-
spaltig, unregelmäßig gesägt;
oberseits glänzend, unterseits
graufilzig, oft verkahlend. Blüten
(V, VI): In vielblütigen Doldenrispen; weiß. Früchte (IX, X):
Dicht gebüschelte, kugelige bis eiförmige Apfelfrüchtchen, 1-1,3 cm

Schwedische Mehlbeere: Blüten (l),
Früchte (r).

groß, orangerot. Verbreitung:
Nordeuropa. In Mitteleuropa
Park- und Straßenbaum, mitunter
verwildert (Norddeutschland).
Standort: Laubwälder. Ähnliche
Art: Mehlbeere (Seite 220).

Elsbeere

Sorbus torminalis Crantz
(Rosengewächse)

Gestalt: Bis 22 m hoher Laubba
mit eiförmiger Krone. Blät
Wechselständig. Stiel 2-5 cm la
dünn; Spreite breit eiförm
6-12 cm lang und etwa so breit,
derseits mit 3-4 (5) spitzen, ges
ten, ungleich großen Lapp
oberseits schwach glänzend fris
grün, unterseits hellgrün. Herl
färbung leuchtend rot. Blüten
VI; nach dem Laubaustrieb): W
ße, 1-1,5 cm breite Zwitterblü
in aufrechten, vielblütigen, fi

Elsbeere: spitz gelapptes Blatt (l),
Blütenstand (r).

behaarten Doldenrispen. Früc
(IX, X): Kugelige oder eiförm
Apfelfrüchtchen, etwa 1,5
lang; unreif gelbrot, reif braun
hellen Punkten. Rinde: Anfa
glatt, grau; Borke dunkelbra
kleinschuppig (Foto Seite 2!
Verbreitung: Süd-, West-, Mit
europa, Westasien, Nordafri
Standort: Tieflagen, untere Be
stufe (kaum über 750 m); selt
Mischbaumart in eichenreich
Wäldern und Gebüschen. Mä
trockene bis frische, basenreic
aber auch schwach saure Böd
oft auf Kalk; wärmeliebende, re
tiv tief wurzelnde Halbscha
baumart.

Mehlbeere

Sorbus aria Crantz
(Rosengewächse)

Gestalt: Kleiner, bis 15 m hoher Laubbaum mit eiförmiger oder kugeliger Krone; häufig als Strauch mit steil aufgerichteten Ästen. **Triebe:** Anfangs weißgraufilzig, rasch verkahlend, rotolivbraun.

Zweig mit unreifen Früchten.

Blätter: Wechselständig. Stiel 1–2 cm lang, weißfilzig; Spreite breit elliptisch, 6–12 cm lang, ungleichmäßig doppelt gesägt; oberseits dunkelgrün, schwach glän-

Blatt (l); Blattstiele und junge Triebe graufilzig behaart (r).

zend; unterseits bleibend weißfilzig. **Blüten** (V, VI; nach dem Laubaustrieb): In endständigen, vielblütigen Doldenrispen. Zwittrig; 5zählige, doppelte Blütenhülle; Kelchblätter ebenso wie die Blütenstiele weißfilzig, viel kürzer als die weißen, 3–4 mm langen Kronblätter; 2, selten 3griffelig. **Früchte** (IX, X): Dicht gebüschelte, kugelige bis eiförmige Apfelfrüchtchen, 1–1,5 cm groß, meist

Die Blüten stehen in schirmförmigen Doldenrispen.

zweisamig, zur Reifezeit sch lachrot; fad schmeckendes, me ges Fruchtfleisch. Früchte bleib bis in den Winter am Baum. R de: Grau, meist unregelmä marmoriert, lange Zeit glatt (F Seite 251); Borke längsrissig. V breitung: Fast ganz Europa, No

Leuchtend rote Apfelfrüchtchen.

afrika, Kleinasien. **Standort:** V der Ebene bis in die subalpine S fe (Alpen bis 1600 m); sonn Hänge, Felsgebüsche, Eiche Buchen- und Kiefernwäld Flach- bis mittelgründige, frisc oder trockene, kalkreiche bis m ßig saure Lehm- oder Steinböd sommerwarmer Lagen; frostha tief wurzelnde Licht- bis Ha schattbaumart. Zierbaum in Pa und Gärten. **Ähnliche Art:** Schw dische Mehlbeere (Seite 218).

Mehlbeere als Strauch an ihrem natürliche Standort (oben); kleiner Mehlbeerbaum (unten).

Vogelkirsche

Prunus avium L.
(Rosengewächse)

Gestalt: Bis 20 (30) m hoher Laubbaum; im Freistand kurzstämmig und rundkronig; im Bestand mit langem, astfreiem Schaft und hoch

Blütenzweig.

angesetzter Krone. Blätter: Wechselständig; ziemlich dünn und schlaff. Stiel 2–5 cm lang, mit meist 2 roten Drüsen; Spreite länglich verkehrt eiförmig bis elliptisch, zugespitzt, 7–15 cm lang, kerbig gesägt; oberseits kahl, unterseits auf den Nerven behaart.

Blatt (l); Blattstiel mit 2 roten Drüsen (r).

Herbstfärbung rot oder gelb. Blüten (IV, V; kurz vor dem Laubaustrieb): An vorjährigen Kurztrieben, zu 2–4 in doldigen Büscheln; diese am Grunde ohne Laubblättchen; langgestielt, zwittrig; 5zählige, doppelte Blütenhülle; Kelchblätter zurückgeschlagen; Kronblätter 1–1,5 cm lang, weiß. Früch-

te (VII): Kirschen (Steinfrüch kugelig, 1–1,5 cm groß, reif glä zend schwarzrot; Steinkern gr hell; Fruchtfleisch der Wildfo bittersüß. Rinde: Anfangs gl glänzend grau- oder rotbraun; quergestellten Korkwarzenb dern; löst sich mit Querstreifen (Foto Seite 251); späte Bildung ner längsrissigen, schwarzgrau Borke. Verbreitung: Europa, We sibirien, Kleinasien, Kaukas Nordafrika. Standort: In Tiefla wie im Gebirge (Alpen

Die Blüten stehen an Kurztrieben in wenig tigen Büscheln.

1700 m); Laubwälder, Waldränd Hecken. Frische, mittel- bis ti gründige, nährstoffreiche, kalkh tige Lehmböden; mäßig wärme bende, meist nicht sehr tief w zelnde Licht- bis Halbschattbau art.
Hinweis: 1. Die kultivierten Sü kirschen sind durch Züchtung a der Vogelkirsche entstanden. Der Vogelkirsche ähnlich ist die Mitteleuropa nicht heimisc aber verbreitet angebaute Sau kirsche *(Prunus cerasus L.)*. Unt schiede zur Vogelkirsche: Blät kleiner, steifer, glänzend; Blattst mit oder ohne Drüsen; Blüte bzw. Fruchtstände am Grunde einigen Laubblättchen; Früc sauer.

Kirschbaum im Frühjahr (oben) und im Her (unten).

222

Traubenkirsche

Prunus padus L.
(Rosengewächse)

Gestalt: Bis 18 m hoher, oft mehrstämmiger Laubbaum; Zweige überhängend. Triebe: Verletzte Rinde mit unangenehmem Geruch. Blätter: Wechselständig.

Blühender Zweig der Traubenkirsche.

Stiel 1–2 cm lang, mit 1–2 Drüsen; Spreite elliptisch zugespitzt, 6–12 cm lang, fein gesägt; oberseits mattgrün; unterseits blaugrün, bis auf die Nervenwinkel kahl; Seitennerven zum Blattrand hin

Traubenkirsche: Triebe mit jungen Früchten (l); die Seitennerven sind zum Blattrand hin bogig miteinander verbunden (r).

bogig miteinander verbunden. Blüten (V, VI; nach dem Laubaustrieb): Weiße, 5zählige, duftende Zwitterblüten in überhängenden, 10–15 cm langen, reichblütigen Trauben (Name!). Früchte (VII, VIII): Erbsengroße, kugelige Steinfrüchte, reif glänzend schwarz; Steinkern gefurcht; Fruchtfleisch bitter. Rinde: Glatt,

schwarzgrau; nur selten seicht... sige Borke (Foto Seite 251). V... breitung: Europa, weite Teile A... ens. Standort: Flußniederung... in Gebirgstälern bis auf 1800... feuchte Laubwälder, Auwäld... Auengebüsche, Waldränder,... Gewässern. Frische bis feuch... tiefgründige, nährstoff- und bas... reiche Lehm- oder Tonböd... Halbschattbaumart; bildet W... zelsprosse; Zierbaum. Ähnli... Art: Spätblühende Traubenkirsc...

Spätblühende Traubenkirsche

Prunus serotina Ehrh.
(Rosengewächse)

Unterschiede zur Traubenkirsc... Gestalt: Bis 30 m hoher Bau... meist vielstämmig. Triebe: Verle...

Spätblühende Traubenkirsche: Zweig mit glänzenden Blättern und Fruchtständen (l... reife, glänzend schwarze Steinfrüchte (r).

te Rinde riecht nach Bitterm... deln. Blätter: Derb, länglich, gl... zend, unterseits entlang der Mit... rippe bräunlich behaart. Blü... (VI): Trauben aufrecht oder ab... hend. Früchte (VIII, IX): Ste... kern glatt. Rinde: Rissige, sch... pig abblätternde, dunkelbrau... Borke (Foto Seite 251). Verb... tung: Nordamerika. In Mitteleu... pa Zierbaum, gelegentlich verw... dert. Standort: Meidet nasse... den; winterharte Lichtbaumart.

Traubenkirsche (oben); überhängende Blütentrauben der Traubenkirsche (unten)...

Judasbaum

Cercis siliquastrum L.
(Hülsenfrüchtler)

Gestalt: Kleiner, bis 10 m hoher, locker verzweigter Laubbaum.
Blätter: Wechselständig. Stiel 2–4 cm lang; Spreite annähernd kreisrund bis nierenförmig, 8–12

Nierenförmige Blätter.

cm breit, Basis tief herzförmig eingeschnitten, vorne rund oder mitunter eingekerbt, ganzrandig; beidseitig kahl. Blüten (III–V; vor dem Laubaustrieb): Auffällige, rosa bis violett gefärbte, etwa 2 cm große, gestielte Zwitterblüten; Kelch glockig; Krone aus 5 Blütenblättern gebildet; 10 nicht miteinander verwachsene Staubblätter. Blüten in kurzen, büscheligen

Die Blüten erscheinen kurz vor den Blättern.

Trauben, stets an älteren, mindestens zweijährigen Zweigen, häufig an starken Ästen oder direkt aus dem Stamm (sog. Stammblütigkeit oder Kauliflorie). Früchte (IX, X): Hülsen 7–10 cm lang, flach, feinspitzig; anfangs grün,

reif rot- bis dunkelbraun und p gamentartig; bleiben oft bis z Frühjahr am Baum. Rinde: fangs glatt, rot- bis olivbraun; B ke schwarzbraun, sehr fein ge dert (Foto Seite 251). Verbreitu Ursprünglich im ostmediterra Raum beheimatet; heute im samten Mittelmeergebiet (nörd bis zu den Südalpen) und in V derasien kultiviert und verwild Standort: Lichte Laub-

Stammblütigkeit des Judasbaums (l); Hülsenfrüchte (r).

Buschwälder (oft zusammen der Flaumeiche und der Hop buche), an Flußläufen, in sonni Felsgebüschen; meist auf K Wärmeliebende Lichtbaum häufiger Straßen und Zierba In Mitteleuropa nur in wärme Lagen winterhart.

Judasbaum in voller Blütenprac

Orange

Citrus sinensis Pers.
(Rautengewächse)

Gestalt: Immergrüner, bis 13 m hoher, rundkroniger Laubbaum mit blaßgrünen, oft dornig bewehrten Zweigen. Blätter: Wechselständig. Stiel schmal geflügelt; Spreite ledrig, elliptisch, spitz, ganzrandig; oberseits glänzend dunkelgrün.

Trieb der Orange mit immergrünen, stark glänzenden Blättern und den cremeweißen Blüten.

Blüten (II–VI): Blattachselständig, einzeln oder in wenigblütigen Büscheln; 2–3 cm groß, weiß, angenehm duftend. Früchte: Orangen (Beerenfrüchte) kugelig; mit fast glatter, orangefarbener, selten gelber oder grüner Schale; Frucht-

Orangenzweig (l) und Früchte (r).

fleisch süß. Verbreitung: China. Im Mittelmeergebiet, ebenso wie in vielen klimatisch hierfür geeigneten Teilen der Welt (z. B. USA, Japan, Brasilien) kultiviert. Standort: Wärmebedürftig, bevorzugt im subtropischen Klima auf lockeren, wasserdurchlässigen Böden.

Zitrone

Citrus limon Burm.
(Rautengewächse)

Gestalt: Immergrüner, bis 7 m hoher, rundkroniger Laubbaum mit Zweige mit bis zu 3 cm langen Dornen. Blätter: Wechselständig

Junge, reifende Zitronen.

Stiel kaum geflügelt; Spreite ledrig, elliptisch, spitz, fein kerbig gesägt; oberseits glänzend dunkelgrün. Blüten (ganzjährig): Wie Orange, aber etwas kleiner; weiß

Reife Zitrone.

oft rötlich überlaufen. Früchte (ganzjährig): Zitronen (Beerenfrüchte) 7–15 cm lang, gelb, rauhschalig; Fruchtfleisch sauer. Verbreitung: Asien. Im Mittelmeerraum und vielen subtropischen Ländern angebaut. Standort: Wie Orange.

Orangenbaum in einer Plantage (oben); Zitronenbaum (unten).

Stechpalme

Hülse
Ilex aquifolium L.
(Stechpalmengewächse)

<u>Gestalt:</u> Immergrüner Strauch oder kleiner, bis 10 m hoher Laubbaum mit kegelförmiger Krone.

Zweig mit derben, immergrünen Blättern.

<u>Blätter:</u> Wechselständig. Stiel 5–15 mm lang; Spreite derb ledrig, eiförmig bis elliptisch, zugespitzt, 3–9 cm lang, etwa halb so breit; Rand sehr variabel, meist wellig

Blätter eines Baumes mit unterschiedlichen Blattrandformen; zwischen grob stachelspitzig gezähnt auf der einen Seite und ganzrandig auf der anderen Seite ist der Übergang fließend.

und grob stachelspitzig gezäh[nt,] aber auch (oft an der selben Pfla[n]ze) glatt und ganzrandig, dazw[i]schen alle Übergangsformen mö[g]lich; beidseitig kahl, obersei[ts] glänzend dunkelgrün, untersei[ts] heller. <u>Blüten</u> (V, VI): Zweihäu[sig] verteilt. Gebüschelt in den Achse[ln] von Laubblättern; klein, me[ist] 4zählig; weiße, mitunter schwa[ch] rötliche, radförmig ausgebreite[te] Blütenkrone. <u>Früchte</u> (IX, [X]) Steinfrucht kugelig, 7–10 m[m] groß, reif glänzend rot, mit 4 (s[el]ten 5) gerieften Kernen. Bleib[en]

Die kleinen Blüten stehen gebüschelt in de[n] Achseln von Laubblättern (l); Steinfrüchte

oft den Winter über am Bau[m.] Giftig! <u>Rinde:</u> Glatt, dünn, silb[er] bis dunkelgrau (Foto Seite 25[?]) <u>Verbreitung:</u> West-, Mittel- u[nd] Südeuropa, Nordafrika, Westas[ien] bis China. <u>Standort:</u> In Tieflag[en] wie im Gebirge (Alpen 1800 m), hauptsächlich im Bere[ich] ozeanisch beeinflußten Klim[a,] Unterwuchs in Wäldern (vor all[em] Buchenwälder), an Waldränd[ern] in Gebüschen. Auf frischen, mä[ßig] nährstoff- und basenreichen, ka[lk]armen Böden; Wurzelsproß[bil]dung, Schattbaumart; häufig [als] Zierbaum (viele Gartenforme[n]) und Heckenpflanze.
<u>Hinweis:</u> Die Stechpalme steht [un]ter Naturschutz.

Stechpalme, hier die Gartenform 'Pyramid[alis]' in einem Park.

Winterlinde

Tilia cordata Mill.
(Lindengewächse)

Gestalt: Bis 30 m hoher Laubbaum; im Freistand mit relativ kurzem Stamm und weit ausladender, dichter, gleichmäßig kuppelförmiger Krone; im geschlossenen Bestand mit langem, astfreiem Stamm und hoch angesetzter Krone. Triebe: Anfangs fein behaart, rasch verkahlend, glänzend. Blätter: Wechselständig, zweizeilig angeordnet. Stiel 2–5 cm lang, kahl; Spreite herzförmig, 3–10 cm lang (kleiner als die der Sommerlinde),

Blattoberseite (l); auf der Blattunterseite sind die Nervenwinkel bräunlich behaart (r).

zugespitzt, am Rand fein und scharf gesägt; oberseits kahl, unterseits graugrün, bis auf die bräunlich behaarten Nervenwinkel kahl. Blüten (VI, VII; nach dem Laubaustrieb): 4–11 gelbweiße, zwittrige Blüten in hängenden Blütenständen; deren Stiele mit einem zungenförmigen, blaßgrünen Hochblatt verwachsen; Blütenhül-

Blühender Zweig.

nem zungenförmigen, blaßgrünen Hochblatt verwachsen; Blütenhül-

le doppelt, freiblättrig, 5zählig; tensiv duftend. Früchte (IX): k gelige, 5–8 mm große (kleiner die der Sommerlinde), einsam Nüßchen, dünnschalig (zerdrü bar), grau behaart, nur undeutl kantig. Nach der Reife fällt Fruchtstand als Ganzes samt

Die Fruchtstände der Winterlinde haben, v glichen mit denen der Sommerlinde, mehr aber kleinere Nüßchen.

trockenhäutigen Flugblattes Rinde: Anfangs glatt und dü Borke dunkelgrau bis schwärzli dicht längsrissig (Foto Seite 2 Verbreitung: Europa, Westsibiri Vorderasien. Standort: Von Ebene bis in mittlere Gebirgsla (Alpen bis 1400 m); sommerw me Laubmischwälder (Eich Hainbuchenwälder, Hartholzau Bevorzugt auf frischen bis mä trockenen, mittel- bis tiefgrün gen, lockeren, basenreichen, l migen Böden. Spätfrostgefährd tief wurzelnde Schattbauma empfindlich gegen Luftverunre gungen. Häufig als Park- und S ßenbaum gepflanzt. Ähnliche ten: Sommerlinde, Silberlin (Seite 234).

Winterlinde zur Zeit des Laubaustriebs (ob und im Sommer (unten).

Sommerlinde

Tilia platyphyllos Scop.
(Lindengewächse)

Unterschiede zur Winterlinde: <u>Gestalt</u>: Mitunter bis 40 m hoch. <u>Blätter</u>: Stiel flaumig behaart; Spreite bis 17 cm lang (an kräftigen Schößlingen oft noch größer),

Zweig der Sommerlinde.

meist beidseitig weich behaart, unterseits in den Nervenwinkeln weißliche Haarbüschel. <u>Blüten</u> (meist 1–2 Wochen vor der Winterlinde): Etwas größer; Blütenstände 2–5blütig. <u>Früchte</u>: 8–10 mm lang, hart (mit den Fingern nicht zerdrückbar), mit deutlichen

Sommerlinde: Blatt (l); Fruchtstände mit wenigen Nüßchen (r).

Längsrippen. <u>Verbreitung</u>: Mittel-, West- und Südeuropa, Kleinasien, Kaukasus. <u>Standort</u>: Laubmischwälder des Berg- und Hügellandes, bevorzugt in sommerwarmen, wintermilden, luftfeuchteren Lagen. Frische, nährstoff- und basenreiche Böden; häufig als Dorflinde. <u>Ähnliche Arten</u>: Winterlinde (Seite 232), Silberlinde.

Die Nervenwinkel der Blattunterseite sind b der Sommerlinde weißlich behaart.

Silberlinde

Tilia tomentosa Moench
(Lindengewächse)

<u>Gestalt</u>: Bis 30 m hoher Laub baum. <u>Triebe</u>: Graufilzig. <u>Blätte</u> Wechselständig, zweizeilig ang ordnet. Stiel filzig; Spreite herzfö mig, unterseits grau- bis weißfilzi

Silberlinde: Blattoberseite (l) und die grau- b weißfilzige Blattunterseite (r).

Herbstfärbung goldgelb. <u>Blüte</u> (VII): Wie Winterlinde. <u>Früch</u> (IX, X): Nüßchen kugelig, ha graufilzig, etwas warzig, schwac gerippt. <u>Rinde</u>: Seicht längsrissig graue Borke (Foto Seite 251). <u>Ve</u> breitung: Südost-Europa, Klei asien; dort in Laubmischwälder In Mitteleuropa häufiger Alle und Parkbaum. <u>Ähnliche Arte</u> Winterlinde (Seite 232), Somme linde.

Sommerlinde (oben); bei Wind werden die silbrigen Blattunterseiten der Silberlinde sichtbar (unten).

Sanddorn

Hippophaë rhamnoides L.
(Ölweidengewächse)

Gestalt: Sperrig verästelter Strauch oder bis 10 m hoher, meist mehrstämmiger Laubbaum mit dornig bewehrten Zweigen. Triebe: Silbrig beschuppt. Knospen: Kugelig, goldbraun. Blätter: Wechselständig. Stiel nur 1–3 mm lang; Spreite lineal lanzettlich,

Zweig mit den schmalen, silbrig behaarten Blättern.

2–7 cm lang und höchstens 1 cm breit, ganzrandig; beidseitig mit Schuppenhaaren, silbrig glänzend; oberseits oft verkahlend, dunkelgrün. Blüten (III, IV; vor dem Laubaustrieb): Zweihäusig verteilt; an vorjährigen Trieben; mit einfacher, kronblattloser Blütenhülle. ♂ etwa 3 mm groß, in kugeligen Blütenständen, sitzend, gelb-

Borniger Zweig mit ♂ Blütenständen; die Blüten erscheinen vor den Blättern.

braun; Kelch tief zweiteilig, dachförmig über die 4 Staubblätter geneigt. ♀ sehr unscheinbar, kurz gestielt; Fruchtknoten von der grünlichen Kelchröhre umgeben; mit gelbgrüner, etwas hervorragender Narbe. Blütenstandsachsen

wachsen oft zu einem Laubzw[e] oder Dorn aus. Früchte (IX): Be[] renartig, eiförmig, 6–8 mm gr[o] einsamig, orangefarben, saftig, e[] bar, sauer, reich an Vitamin C. R[] de: Anfangs glatt, dunkelbrau[n]

♂ Blütenstände (l); reife Früchte (r).

Borke graubraun, seicht längsr[is] sig (Foto Seite 251). Verbreitun[] Eurasien. Standort: Von der Küs[te] bis in subalpine Lagen; Pionierg[e] büsche auf Sanddünen, Flußsch[o] tern, in Kiesgruben und licht[en] Kiefernwäldern. Trockene, ge[] gentlich überflutete, meist kalkh[al] tige, humus- und feinerdear[m] Sand- und Kiesböden somme[r] warmer Lagen; Wurzelsproßb[il] dung, tief wurzelnde Lichtbau[m] art, zur Böschungssicherung gee[ig] net; Zierpflanze.

Hinweis: Der Sanddorn samme[lt] mittels einer Symbiose mit »Stra[h] lenpilzen« *(Actinomyceten)* Wurzelknöllchen Luftstickst[off] dadurch bodenverbessernde W[ir] kung.

Sanddornbaum zur Zeit der Fruchtreife

Blaugummibaum

Eucalyptus globulus Labill.
(Myrtengewächse)

Gestalt: In der Heimat bis 65 m, in Europa bis 40 m hoher, immergrüner, geradstämmiger und sehr raschwüchsiger Laubbaum; Krone meist locker, anfangs kegelför-

Urnenförmige, weiß bereifte Blütenknospe und Blüten mit vielen Staubblättern.

Glatte, streifig abblätternde Rinde (l); Zweig mit Jugendblättern (r).

mig, später abgerundet. Blätter: 2 verschiedene Blattformen. Die zuerst gebildeten Jugendblätter gegenständig, eiförmig, 8–15 cm lang, sitzend, abstehend; blaugrün, weiß bereift. Altersblätter (Folgeblätter) wechselständig, ledrig, lanzettlich, oft sichelförmig gekrümmt, 10–30 cm lang, gestielt, hängend, glänzend dunkelgrün.

Die Jugendblätter sind gegenständig, ungestielt, eiförmig (l); die Altersblätter wechselständig, gestielt, gekrümmt lanzettlich (r).

Blüten (VI–XI): Einzeln oder bis zu 3 blattachselständig. Urnenförmige, weiß bereifte Blütenknospen mit einem Deckel, der aus den 4 verwachsenen Kronblättern gebil-

det wird, vor dem Aufblühen a fällt und zahlreiche, weiße schwach rötliche Staubblätter fr gibt. Frucht: Bis 3 cm große, ho ge, vielsamige Kapsel. Rind Glatt, löst sich in langen Strei ab, dadurch unterschiedlich gr bis braun gefärbte Stammpart (Foto Seite 251). Verbreitung: Si ost-Australien, Tasmanien. Auß halb des ursprünglichen Verbr tungsgebietes in vielen Teilen Welt kultiviert, so auch im Mitt meergebiet und in Irland. Star ort: Ohne besondere Boden sprüche, forstlich oft in sumpfig Lagen angebaut; Park- und St ßenbaum. In Mitteleuropa ni winterhart.

Hinweis: Aus den Blättern g winnt man das Eukalyptusöl, ätherisches Öl, die Ausgangssu stanz vieler Arzneien.

Die lockere Krone, die schlaff hängenden B ter und die graubraun gescheckte Rinde p gen die Gestalt des Blaugummibaums.

Kleine Baumkunde

Bäume sind höhere, in der Regel über 5 m hohe Holzgewächse mit eine
mehr oder weniger ausgeprägten Stamm und einer Krone. Im Unte
schied dazu sind **Sträucher** meist niedriger und haben vom Grunde a
mehrere oder viele Stämme. Zwischen Bäumen und Sträuchern gibt
alle Übergangsformen.
Nadelbäume sind die baumförmigen Vertreter der Nadelgehölze (*Coni,
rae,* weltweit etwa 800 Arten) und gehören im System der Pflanzen zu d
nacktsamigen Pflanzen *(Gymnospermae).* Gemeinsames Merkmal si
nackte, nicht von einem Fruchtknoten umschlossene Samenanlagen. N
delbäume haben nadel- oder schuppenförmige Laubblätter, die, von w
nigen Ausnahmen abgesehen (Lärche, Urwelt-Mammutbaum, Sump
zypresse), mehrjährig (immergrün) sind.
Kein Nadelbaum, wohl aber ein Nacktsamer, ist der **Ginkgo** mit sein
eigenwilligen, fächerartigen Blättern.
Die weitaus artenreicheren **Laubbäume** gehören zu den bedecktsamig
Pflanzen *(Angiospermae).* Die Samenanlage ist nicht frei zugänglich, so
dern von einem Fruchtknoten umschlossen.
Bäume bauen sich, wie alle Samenpflanzen, aus den drei Grundorgan
Wurzel, Sproßachse und **Blätter** auf.

Die Sproß- oder Triebachse

Sie gliedert sich in **Knoten** *(Nodien),* an denen die Blätter entspringen, u
Bereiche zwischen diesen Blattansatzstellen, den **Sproßabschnitten** *(Inte
nodien).* Die beblätterte Sproßachse wird auch **Trieb** genannt. Bei Holzg
wächsen verholzt die Sproßachse nach Abschluß des jährlichen Länge
wachstums. Aus Knospen in den Achseln der Blätter bildet d
Hauptsproß Seitensprosse, die sich ihrerseits weiter verzweigen. Dadur
kommt es zur Ausbildung eines **Sproßsystems.** Bei Bäumen, deren Spro
se durch **sekundäres Dickenwachstum** mit der Zeit ständig dicker werde
unterscheidet man dem Alter nach **Triebe, Zweige** und **Äste.** In ihrer G
samtheit bilden sie die **Krone** des Baumes, die durch verschiedene Un
welteinflüsse Veränderungen des artspezifischen Aussehens erfahr
kann. Vor allem bei vielen Laubbäumen löst sich der Stamm häufig in g
ringer Höhe über dem Boden in mehrere starke Äste auf, während er b
den meisten Nadelbäumen als führende Achse mit untergeordnete
Ästen bis zum Baumwipfel reicht.
Kurztriebe sind gestauchte Seitensprosse mit stark verkürzten Sproßa
schnitten. Ihr Längenwachstum beträgt pro Jahr nur wenige Millimete
Nadeln und Blätter sind an ihnen rosettig oder büschelig angeordn
(Lärche, Kiefer). Bei manchen Baumarten (zum Beispiel Kirsch- od
Apfelbaum) finden sich Blüten und Früchte ausschließlich an solche
Kurztrieben. **Langtriebe** dagegen zeichnen sich durch deutlich gestreck
Sproßabschnitte aus.
Die **Rinde** des Baumes ist eine meist glatte Ummantelung des Holzkö
pers an Stämmen, Ästen und Zweigen. Sie ist unterschiedlich dicht m
Korkwarzen *(Lentizellen)* besetzt. Diese porösen, warzenförmigen Stelle
der Rinde dienen dem Gasaustausch. **Korkleisten** sind leisten- oder fl
gelartige Erhebungen der Rinde; deutlich ausgeprägt kann man sie a

Rinden Nadelbäume (Seite 46–76)

aszeder (S. 46)

Libanonzeder (S. 48)

Himalajazeder (S. 48)

Waldkiefer (S. 50)

nwarzkiefer (S. 54)

Pinie (S. 56)

Strandkiefer (S. 58)

Aleppokiefer (S. 58)

elbkiefer (S. 60)

Weymouthskiefer
(S. 64)

Tränenkiefer (S. 66)

Lawsons Schein-
zypresse (S. 70)

ootka-Schein-
ypresse (S. 72)

Abendländischer
Lebensbaum (S. 74)

Riesenlebensbaum
(S. 76)

Hiba-Lebensbaum
(S. 76)

Rinden Laubbäume (Seite 78–112)

Walnußbaum (S. 78)

Schwarznußbaum (S. 80)

Kaukasische Flügel-nuß (S. 82)

Götterbaum (S. 82)

Eberesche (S. 84)

Speierling (S. 86)

Gemeiner Goldregen (S. 88)

Robinie (S. 90)

Gleditschie (S. 92)

Gemeine Roß-kastanie (S. 98)

Gewöhnliche Esche (S. 100)

Blumenesche (S. 10

Schwarzer Holunder (S. 104)

Bergahorn (S. 106)

Feldahorn (S. 110)

Zuckerahorn (S. 112

Rinden Laubbäume (Seite 116–154)

cherahorn (S. 116)

Kreuzdorn (S. 118)

Paulownie (S. 124)

Ginkgo (S. 128)

hwarzpappel
130)

Zitterpappel (S. 134)

Graupappel (S. 136)

Silberweide (S. 140)

fweide (S. 146)

Hängebirke (S. 148)

Moorbirke (S. 150)

Schwarzbirke (S. 152)

kerbirke (S. 152)

Maximowicz-Birke
(S. 154)

Ermans-Birke (S. 154)

Rote China-Birke
(S. 154)

Rinden Laubbäume (Seite 156–204)

Schwarzerle (S. 156)

Grauerle (S. 158)

Hainbuche (S. 160)

Hopfenbuche (S. 16

Haselnuß (S. 164)

Rotbuche (S. 166)

Edelkastanie (S. 170)

Stieleiche (S. 174)

Flaumeiche (S. 176)

Zerreiche (S. 178)

Korkeiche (S. 180)

Roteiche (S. 184)

Flatterulme (S. 192)

Schwarzer Maulbeer-
baum (S. 196)

Tulpenmagnolie
(S. 200)

Tulpenbaum (S. 20

Rinden Laubbäume (Seite 206–238)

…dbeerbaum (S. 206)

Ahornblättrige Platane (S. 208)

Eingriffeliger Weißdorn (S. 210)

Quitte (S. 212)

…lzbirne (S. 214)

Elsbeere (S. 218)

Mehlbeere (S. 220)

Vogelkirsche (S. 222)

…aubenkirsche …224)

Spätblühende Traubenkirsche (S. 224)

Judasbaum (S. 226)

Stechpalme (S. 230)

…interlinde (S. 232)

Silberlinde (S. 234)

Sanddorn (S. 236)

Blaugummibaum (S. 238)

Arten-Register

252

-Kurztitelaufnahme der Deutschen
iothek

, Gregor:
-Naturführer Bäume: d. wichtigen Laub-
Nadelbäume Europas erkennen u. bestim-
 / Gregor Aas; Andreas Riedmiller. Mit-
: Peter Schütt. – 3. Aufl. – München: Grä-
nd Unzer, 1990.
SBN 3-7742-1016-0
: Riedmiller, Andreas:

aktionsleitung: Hans Scherz
torat: Ursula Kopp
stellung: Manfred Luef
duktion: Helmut Giersberg
chnungen: Heinz Bogner
ck: Druckerei G. Appl
dung: Conzella, Verlagsbuchbinderei
an Meister
N 3-7742-1016-0

Die Fotografen:
Die Farbfotos stammen von Andreas Riedmiller, mit Ausnahme von:
Aas: 50, 95 unten, 142 rechts oben, Kalt. 73 oben, 215 unten; Pott: 229 oben; Reinhard: 199 unten, 237; Schacht: 229 unten; Scherz: 43 unten, 69 unten, 94 rechts oben, 95 oben, 104 rechts unten, 169 oben, 171 unten; Schimmitat/Angerer: 122 rechts oben; Zauner: 128 links unten, 144 rechte Spalte rechts, 164 rechts unten, 183, 187; Zettl: 192 rechts unten.

255

Silhouetten Laubbäume

Bergahorn

Bergulme

Apfel

Birne

Vogelbeere

Linde

Roßkastanie